세기의 책들 20선

천년의 지혜 시리즈
NO. 2
경제경영 편

불멸의 지혜

최초 출간일 1910년

현대 자기계발 도서의 시작.
이 책부터 읽으십시오.

불멸의 지혜

"만약 단 한 권의 책만 읽는다면 나는 이 책을 읽겠다."

우리가 알아야 할 거의 모든 현대 자기계발 도서를 만든 위대한 사상, 시초 그리고 위대함

월러스 워틀스 지음 · 서진 편저

SNOWFOX

천년의 지혜 시리즈 소개

A Thousand Years of Wisdom

1. 총 도서 검토 기간 :　　　　　　　　　　1년 6개월

2. 출간 후보 도서 검토 종수 :　　　　　　　1만 2천 종

3. 확정된 시리즈 전체 출간 종수 :　　　　　　20종

4. 최초~최근 출간 기간 :　　　　　　1335년~2005년

5. 최소, 최대 출간 언어 수 :　　　2개 언어~38개 언어 출간

6. 최소, 최대 판매 부수 :　　　20만 부~2천 만 부 판매

7. 최소, 최대 개정판 출간 종수 :　　　37판~3,843판

8. 시리즈 출간 기간 :　　　1년 3개월 (2023년 12월~2025년 3월)

9. 출간 분야 :

　　　첫 번째 시리즈 　: 경제경영 （2023년 12월 : 4종 동시 출간）
　　　두 번째 시리즈 　: 자기계발 （2024년　5월 : 6종 동시 출간）
　　　세 번째 시리즈 　: 에세이 　（2024년　8월 : 3종 동시 출간）
　　　네 번째 시리즈 　: 인문 　　（2024년 12월 : 3종 동시 출간）
　　　다섯 번째 시리즈 : 철학 　　（2025년　3월 : 4종 동시 출간）

스노우폭스북스『세기의 책들 20선, 천년의 지혜 시리즈』는 지난 수 세기 동안 출간된 책 중에서 현재 널리 알려진 여러 가르침과 기본적인 사상을 만든 책들을 찾아 엄선해 출간했습니다.
이 귀한 지혜들을 파생시킨 '최초의 시작'을 만든 책들을 하나로 규합해 출간함으로써 지혜와 더 깊은 통찰에 목마른 우리 모두에게 '읽을거리'를 제공하고자 했습니다.
이로써 가벼운 지금의 '읽기'에서 보다 깊이 사유하는 '읽는 사람'으로 변화되는 일을 만들어 나가고자 했습니다.

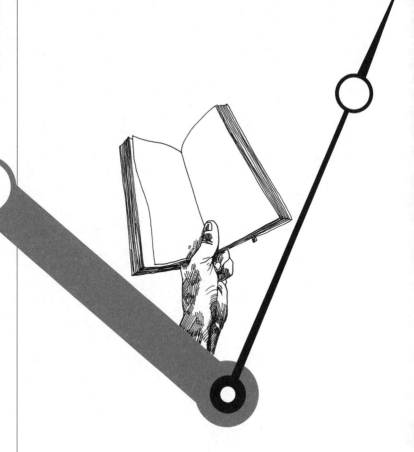

책 소개 / 편저자의 말

이 책은 19세기 중반 피니어스 P. 퀸비(Phineas P. Quimby)의 『감성 치유의 지혜(The Wisdom of Emotional Healing)』에서 시작되었습니다. 『불멸의 지혜』는 1912년 찰스 F. 해낼(Charles F. Haanel)의 『성공의 문을 여는 마스터키』와 1937년 나폴레온 힐(Napoleon Hill)의 『생각하라 그리고 부자가 되어라』보다 앞서 출간되었습니다.

이 책이 막 출간된 1910년에는 극소수의 몇몇 권력가들만이 이 책을 읽었고, 출간 이후 100년이 넘는 시간 동안 권력자들의 자녀들에게 유물처럼 전해진 책이 바로 『불멸의 지혜』입니다.

소수의 욕망 때문에 널리 빛을 볼 수 없었지만, 이 책이 가진 힘은 이 책이 세상에 나오는 결과를 막지 못했습니다.

2007년 한 권의 책이 국내뿐 아니라 전 세계를 강타합니다. 바로 『시크릿』입니다. 저 역시 자기계발 분야 도서를 탐독하고 출간하는 에디터로서 이 책의 독자가 되었습니다.

하지만 출간 이후 몇 년이 지나자 책이 가진 단점이 드러나기 시작했습니다. 이 책은 하나의 분명한 메시지를 남겼는데, 강렬히 원하는 자신의 바람이나 원하는 것을 '생생하게 바라고 꿈꾸라.'라는 것이었습니다.

아쉽게도 론다 번(Rhonda Byrne)이 주장했던 메시지는 하나의 중대한 원칙, 그것을 완전하게 이뤄주는 한 쌍의 진실이 함께 전해지지 못하는 결과를 가져온 듯합니다.

내가 원하는 것은 언제나 다른 사람의 손에 들려 내 앞으로 다가오며, 그것을 받을 때 상대가 원하는 가치를 주고 가져오게 된다는 근원적인 법칙 전체를 다루지 못했기 때문이었습니다. 현재 많은 사람은 시크릿이라는 단어를 하나의 '우스갯소리'나 '공상가'들이나 하는 '바보 같은 행동'으로 인식하고 있습니다.

지금까지 여러 자기계발서를 출간해 온 에디터로서 이 책을 편저할 수 있던 것은 그야말로 행운이었습니다.

우리 시대 널리 읽히는 모든 자기계발 책의 목적성은 '비전과 목표를 모두 이룰 수 있는 길과 방법'을 얻는 데 있습니다. 자기계발서는 이런 목적을 가진 이들의 탐독 서적으로 자리하고 있는데, 많은 책을 읽을수록 더 많은 통찰력과 지혜를 갖춰 충만하고 풍족한 삶을 살 수 있기 때문입니다.

그 목적성에 근거했을 때 이 책 『불멸의 지혜』는 그야말로 '모든 것을 한 번에 정리하는 책'이라는 설명어 외에 덧붙일 다른 표현을 찾을 수 없는 책입니다.

돈을 벌고 싶은 욕망 자체를 '칭찬받아 마땅한 일'이라고 말하는 이 책은 부를 탐욕적인 자기 과시와 더 많이 누리고 싶어하는 것만이 포함되지 않은 '더 많은 것'이란 사실을 가르칩니다.

진정한 부의 의미는 부를 이룸으로써 '더 많은 생명의 증가'의 본질에 충실한 행동으로 규정하고 있기 때문입니다.

작은 꽃 한 송이도 수백 개의 씨앗을 흩트림으로써 생명을 확장하고 증가시킵니다.

이처럼 사람도 단순히 돈을 더 많이 벌기 위한 존재가 아니라 부를 이룸으로써 더 다양한 삶, 더 많은 역할과 기쁨을 누리며, 다른 성격을 지닌 여러 모습으로 살고자 하는 생명 증가의 우주적 차원의 원리에 부합하는 존재라고 저자는 우리에게 깊은 통찰을 줍니다.

그것은 본능이며 존재의 이유라고 말합니다.

다만, 그런 본질적인 본능의 부를 이루면서 더불어 나와 관련된 모든 사람의 생명이 더 번창할 수 있도록 좋은 가치를 제공할 의무가 있습니다. 이 책은 이러한 기준에서 실천할 수 있는 거의 모든 방법을 담아내고 있습니다.

이 심오하고 바람직한 진리가 어떻게 한 사람에게서 나올 수 있었는지, 그 통렬한 지혜에 경외감이 듭니다.

아마도 저자는 고대에서부터 전해지는 진리들을 찾아내 탐독하고, 동시대나 그에 앞서 철학과 세상의 진리를 먼저 파헤친 스승들로부터 많은 영감을 받은 듯합니다.

이 책이 지금 이 시대까지 이어져 출간되고 있다는 것은 모두에게 축복과 같은 일입니다.

부를 이뤄 나 자신이 행복할 수 있을 뿐 아니라, 그 과정에서 결코 실패할 수 없는 숨겨진 지혜를 계속 실천해 갈 수 있는 영구적인 방법을 제시하고 있다는 측면에서 그렇습니다.

『세기의 책 20선, 천년의 지혜 시리즈』에서 이 책을 다룰 수 있는 편저자로 작업한 것은 축복이었습니다. 세상에 더 많은, 더 이로운 지혜를 널리 전하려는 개인적인 오랜 소명에 밝은 빛이 되어준 또 하나의 쾌거로 기억될 것입니다.

서문

✦

이 책은 지금보다 더 나은 경제적 자립, 더 나아가 부자가 되고 싶은 사람을 위한 실천서입니다. 다시 말해 이론이나 상상에 근거한 논문 같은 책이 아니라 실용적인 매뉴얼이 담긴 책입니다.

이 책은 '나는 반드시 부자가 되겠다.'라는 열망이 가득한 남녀를 위한 책으로, 철학이나 마음 공부는 나중에 하더라도 먼저 '부'를 얻고 싶어 하는 사람들을 위해 쓰였습니다.

형이상학적 끌어당김을 깊이 연구하지 않았고, 부를 얻을 수단이나 기회도 얻지 못했지만 '부자는 꼭 되어야겠다.'라는 욕망에서 벗어난 적 없는 모든 사람, 어떤 과정도 거치지 않고 부를 얻는 행동만을 우선 따르고 싶은 사람들을 대상으로 쓰인 책입니다.

나는 여러분이 굴리엘모 마르코니(Guglielmo Marconi, 이탈리아 전기 공학자로 무선 전선을 실용화했다)나 에디슨이 발명한 전기 작동법을 그대로 따르듯, 이 책에 쓰인 행동들을 주저 없이 따를 것이라고 기대합니다.

여기에 적용된 이론들은 정확하고 확실한 논리적 근거를 갖습니다. 따라서 실패는 불가능하기 때문에 이 책에 담긴 부자학을 따르는 모든 사람은 확실히 부자가 될 것입니다.

신념에 대한 철학적 이론을 원하고, 확실한 논리적 근거를 원하는 사람들을 위해 몇몇 특정 권위자의 말들을 인용해 예시로 넣었습니다.

하나가 전체고 모든 것이 하나며, 하나의 실체가 물질세계의 겉으로 보이는 많은 요소로 나타난다는 우주 일원론은 힌두교에서 유래된 이론입니다. 우주 일원론은 이후 200년 동안 서서히 서구 세계의 사상으로 자리 잡은 사상입니다.

그것은 모든 동양 철학의 기초이자, 르네 데카르트(Rene Descartes), 바뤼흐 스피노자(Baruch Spinoza), 고트프리트 라이프니츠(Gottfried Leibniz), 아르투어 쇼펜하우어(Arthur Schopenhauer), 게오르크 빌헬름 프리드리히 헤겔(Georg Wilhelm Friedrich Hegel), 랠프 월도 에머슨(Ralph Waldo Emerson) 철학의 기초이기도 합니다.

그러므로 이 책에 담긴 철학적 근거를 파헤치고 싶은 독자는 헤겔과 에머슨을 직접 읽어 근원을 검증하기를 바랍니다.

이 책을 쓰면서 모든 사람이 이해할 수 있도록 가급적 간단명료한 단어를 사용해 글을 쓰려고 노력했습니다. 여기에 제시된 행동들은 철학의 결론에서 유추된 것이며 철저한 테스트를 거쳤습니다. 실제 실험이라는 명료한 제시를 실행했다는 의미입니다.

따라서 실생활에서도 실험해 효과를 검증했기 때문에, 결론에 해당하는 내 주장을 더 많이 알고 싶다면 위에 언급된 인물들의 책을 찾아 읽어 보기 바랍니다. 그리고 어떻게 실제 생활에서 놀라운 결실을 얻을 수 있는지 직접 테스트해 보기 바랍니다.

이 책에서 밝히는 것들을 그대로 따라 하기만 하면 되기 때문입니다.

contents

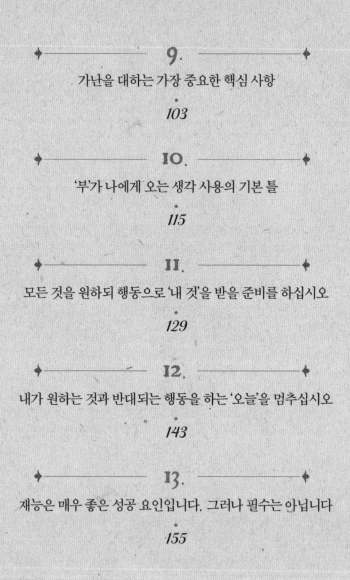

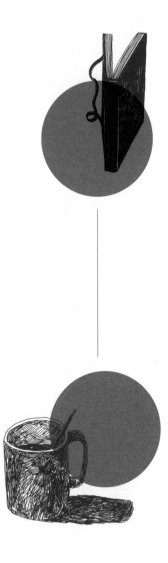

I.

부자가 되려는 것은
완전히 칭찬받을 만하며
당연하고 옳은 행동입니다

가난을 어떻게 포장해 말해도

부자가 아니면 완전하거나 성공적인 삶을 살 수 없다는 것만은 변함이 없습니다.

내가 부유하지 않으면 행복을 구성하는 여러 조건에 필요한 것들을 갖거나 경험할 기회조차 없기 때문이지요.

돈이 충분하지 않으면 가진 재능을 더 크게 갈고닦을 기회도 가질 수 없습니다. 지적인 소양이나 정신적 교양도 개인이 얻을 수 있는 최고 수준까지 오를 수 없습니다.

지적인 교감이나 재능을 계발하려면 필요한 물건이나 경험이 많아야 하는데, 이런 것들을 누려 볼 돈이 없으니 가질 수도, 느껴볼 수도 없기 때문이지요.

물건을 사용하는 과정에서 인간의 정신, 영혼, 육체가 발달합니다. 사회는 돈이 있어야 무엇이든 가질 수 있게 조직되어 있고, 그 무엇으로도 이것은 바뀌지 않습니다.

따라서 인간이 훌륭한 재능을 얻고 개발하려면 필요한 물건, 기회, 장소, 경험이 있어야 한다는 기정사실입니다. 이 사실에 근거해 모든 발전의 기초인 부자가 되는 과학부터 배워야 합니다.

모든 생명의 목적은 발전에 있습니다. 따라서 모든 생명은 자기 힘으로 도달 가능한 모든 발전을 양도하지 않을 권리가 있습니다. 인간의 빼앗길 수 없는 원초적 권리란 완전한 정신, 완전히 내 것인 영혼, 자신의 발달을 이루는 데 필요한 모든 사물을 자유롭고 무제한 사용할 권리를 일컫습니다.

다시 말해 부자가 될 권리를 말합니다.

저는 이 책에서 '부'를 비유적으로 말하지 않을 것입니다.

진심입니다. 부자의 진정한 의미는 '적게 있어도 만족하거나, 만족하라'는 뜻이 아니기 때문입니다.

따라서 저는 개의치 않고 '부'와 '돈'을 마음껏 신랄하게 이야기할 것입니다.

부자가 된다는 것은 먹고살 만하다거나 작은 만족이나 충족감을 의미하는 게 아닙니다. 더 많은 것을 살 수 있고, 즐길 수 있고, 가질 수 있다면 굳이 조그만 것에 만족할 필요가 없습니다.

자연의 목적은 발전과 진보에 있습니다. 모든 사람은 힘을 기르는 데 도움이 되는 것, 우아함, 아름다움, 풍족한 생활을 하는 데 도움이 되는 것은 모두 가질 권리와 의무가 있습니다. 이런 본질적인 인간 삶의 기본값을 외면하고, 작은 것에 만족한다는 건 죄악이나 다름없는 것입니다.

사는 동안 원하는 모든 것을 살 수 있고, 원하는 모든 것을 소유한 사람을 우리는 '부자'라고 합니다. 부자가 아닌 사람은 절대로 원하는 것을 모두 가질 수 없지요.

이제 세상은 복잡할 정도로 발전했습니다. 그에 따라 평범한 남자나 여자라도 평균 이상, 혹은 평균적으로 사는데도 엄청난 돈이 필요해졌습니다.

사람은 누구나 자신이 가진 재능을 계발하거나 찾고 원하는 것을 이루고 싶어 합니다. 이런 열망은 천부적으로 DNA에 새겨진 것입니다. 그러니 이 천부적인 욕망을 실현하려는 마음이야말로 인간의 본성이란 사실을 직시해야 하는 것입니다.

이런저런 말로 가난하고 돈이 적은 것을 미화하는 것보다 태어날 때부터 내재된 기본 욕망을 인정하고 발현시키는 게 좋지 않겠습니까?

인생의 성공이란 스스로 되고 싶은 사람이 되는 것입니다.

그 과정에는 꼭 필요한 물건들이 있습니다. 또한 기회와 경험에 쓸 시간도 필요합니다. 하지만 이것들은 부유해졌을 때라야 자유롭게 사용할 수 있지 않습니까?

그러므로 부자가 되려는 것은 잘못된 것이 아닙니다. 모든 지식 중에 가장 필수적인 지식인 것입니다.

더 나아가 부유하고 충만하고 풍족해지려는 추구는 칭찬받아야 합니다. 오히려 부자가 되려는 욕망이 없는 사람이야말로 비정상입니다. 원하는 모든 것을 살 수 있을 만큼의 돈을 갖고 싶어 하지 않는 사람도 비정상입니다.

우리는 몸을 위해 살고, 마음과 정신을 위해 살고, 영혼을 위해 산다는 세 가지 삶의 동기를 갖고 있습니다. 이 중 어느 것이 다른 어느 것보다 더 중요하거나 가치 있는 것은 없습니다. 모두 똑같이 중요하고 필요한 것입니다.

몸, 마음, 영혼 중 어느 하나라도 부족하거나 충분하지 않으면 나머지도 온전하지 않게 됩니다.

영혼만을 위해 살면서 정신이나 육체를 부정하는 것은 옳지도 고귀하지도 숭고하지도 않습니다. 지성을 위해서만 살면서 몸이나 영혼을 부정하는 것도 잘못입니다. 육체만 위하고 정신과 영혼을 가볍게 여기고 살찌우지 않은 것이 얼마나 나쁜 결과를 가져오는지 우리는 너무나 잘 알고 있습니다.

진정한 삶이란 인간이 육체와 정신, 그리고 영혼을 통해 발현할 수 있는 모든 기능을 가감 없이 온전하고 충만하게 표현되는 것을 의미합니다. 이 요소의 불균형은 진정으로 행복한 삶을 갖지 못하게 만듭니다.

표현되지 못한 가능성이나 발현하지 못한 기능이 있는 곳에는 언제나 충족되지 못한 욕망이 존재합니다. 욕망이란 표현되기를 기다리는 가능성이며, 행동으로 드러나기를 바라는 기능입니다.

좋은 음식과 편안한 옷, 따뜻한 보금자리, 그리고 과도한 노동으로부터의 자유 없이는 육체적으로 완전한 삶을 만들어 갈 수 없습니다. 휴식과 쉼 역시 육체적인 삶에 필요한 것들이기 때문입니다.

읽을 책이 없고 그 책을 읽을 시간이 없다면, 여행하고 그것들을 바라보고 느낄 수 있는 기회가 없다면, 함께 쉬고 이야기 나눌 수 있는 사랑하는 사람들이 없다면, 지적인 교양을 마음껏 소통할 수 있는 동반자가 없다면, 인간은 정신적으로도 완전한 삶을 살 수 없습니다.

그러므로 온전하고 평화로운 정신으로 살기 위해서는 누릴 수 있는 휴식과 보고 느낄 수 있는 예술품이나 아름다운 사물들이 가득해야 합니다.

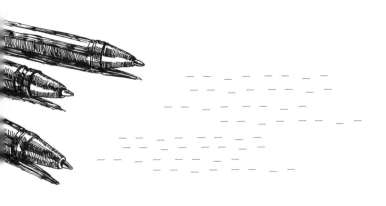

영혼의 측면에서는 반드시 사랑이 필요합니다. 간혹 사랑은 뒷순위로 밀려나도 괜찮은 것으로 취급됩니다. 하지만 사람은 자신이 사랑하는 사람에게 무언가 줄 수 있고 이로운 행동을 할 수 있을 때 가장 큰 행복감을 느낍니다.

사랑은 베풀 때 가장 자연스럽게 표현되는 감정입니다. 줄 것이 없는 사람은 남편이나 아버지로서, 시민으로서, 또는 인간으로서, 자신의 본분을 다하기 어렵습니다.

그러니 이 모든 것을 가능하게 만드는 부를 가지려는 것은 당연한 일입니다. 당신이 부자가 되고 싶어 하는 것은 지극히 옳은 일입니다.

당신이 평범한 남자나 여자라면 그렇게밖에 할 수 없습니다. 따라서 부자가 되려고 공부하고 배우는 것은 모든 배움 중에서 가장 고귀하고 가장 필요한 학문일 수밖에 없습니다.

부자가 되는 공부를 게을리하면 자신과 신과 인류에 대한 의무를 저버리는 것일 뿐입니다. 신과 인류에게 자신을 최대한 활용하는 것보다 더 큰 봉사는 없기 때문입니다.

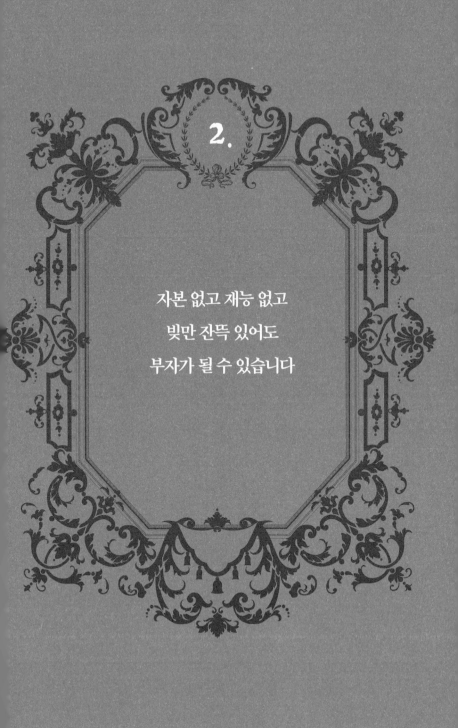

2.

자본 없고 재능 없고
빚만 잔뜩 있어도
부자가 될 수 있습니다

부자가 되는 길은 과학의 길입니다.

그것은 산수처럼 정확한 과학이며 학문입니다. 부를 얻는 과정을 만들어 내는 특정 법칙은 존재합니다. 이 법칙을 배우고 순종하면 누구나 수학적으로, 결과적으로, 확실하게 부자가 될 수 있습니다.

같은 원인은 같은 결과를 낳는다는 것은 자연법칙입니다. 따라서 돈과 재산을 소유하는 것은 특정한 법칙에 따라 행동하고 일을 처리한 결과입니다.

의도적이든 우연이든 부자가 되는 방법을 따른 사람은 부자가 됩니다. 당연히 그 방법을 따르지 않은 사람은 아무리 열심히 일해도 능력이 있어도 가난할 수밖에 없을 것입니다.

이 논리가 사실이라는 것은 이렇게 증명할 수 있습니다. 만약 부자가 되는 것이 환경의 문제라면, 같은 지역의 모든 사람이 부자여야 합니다. 반면 다른 도시의 사람들은 모두 가난해지거나, 한 주의 주민들은 부유해지지만 인접한 주의 주민들은 가난해져야 합니다.

그러나 어디서나 부자와 가난한 자들이 서로 섞여 같은 지역에 함께 살고 있습니다. 심지어 같은 지역에서 같은 직업에 종사하는 사람이라도 누구는 부자고 누군가는 가난합니다.

둘 중에 한 사람은 부자가 되고 다른 한 사람은 여전히 가난한 것은 부자가 되는 것이 일차적으로 환경의 문제가 아니라는 것을 보여줍니다.

어떤 환경은 다른 환경보다 유리할 수 있지만 같은 사업을 하는 두 사람이 같은 동네에서 누군가는 부자가 되고 누군가는 부자가 되는 데 실패한다는 것은 부자가 되는 것이 특정 방식으로 일한 결과라는 걸 나타냅니다.

재능이 뛰어나도 가난하게 사는 사람이 많지만, 재능이 거의 없는 사람도 부자가 됩니다. 이것 또한 부자가 되는 것은 단순히 재능을 가졌는지가 아니라 특정 방식으로 일을 처리하는 능력에 있다는 것을 증명한다고 볼 수 있지 않겠습니까?

부자가 되는 사람들을 연구해 보면 그들은 모든 면에서 평균적인 사람들이며 다른 사람보다 더 큰 재능과 능력을 갖추고 있지 않다는 걸 알 수 있습니다. 부자가 된 사람들은 다른 사람에게 없는 능력을 갖추었기 때문이 아니라, 특정 방식으로 일했기 때문에 부자가 되었다는 것이 분명합니다.

또한 부자가 되는 것은 저축이나 근검절약의 결과가 아닙니다. 많은 사람이 가난하지만 자유로운 소비를 해왔음에도 부자가 된 일이 많기 때문입니다.

같은 사업을 하고 거의 같은 일을 하면서도 한 사람은 부자가 되고, 다른 사람은 가난해지거나 파산하는 경우가 많지 않습니까? 이것을 볼 때 남들이 하지 않은 일을 해서 부자가 된 것도 아니라는 것을 인정할 수 있습니다.

부자가 되는 것은 특정 방식으로 일한 결과이며, 같은 원인이 항상 같은 결과를 낳는다면 부자가 될 수 있는 남자 또는 여자는 누구든 부자가 될 수 있으며, 모든 문제가 과학의 영역 즉, 부자학의 영역으로 들어오는 것입니다.

여기서 의문이 하나 생길 수 있습니다. 부자가 되는 특정 방법이라는 것이 실천하기 너무 어려워서 어떤 특징을 가진 소수만 따를 수 있는 것 아닌가 하는 것입니다.

여러분, 재능 있는 사람도 부자가 됩니다. 멍청한 사람도 부자가 됩니다. 지적으로 똑똑한 사람도 부자가 됩니다. 아주 어리석은 사람도 부자가 됩니다. 육체적으로 강한 사람도 부자가 됩니다. 약하고 병든 사람도 부자가 됩니다.

물론 어느 정도의 사고력과 이해력은 필수적입니다. 그러나 타고난 능력에 필요한 수준은 그다지 높지 않습니다. 단어를 읽고 이해할 수 있는 정도의 지능을 가진 사람이라면 누구나 부자가 될 수 있습니다.

우리는 이제 부자가 되는 것이 환경에 달린 문제가 아니란 사실을 이해해야 합니다.

그렇다고 해서 사하라 사막 한가운데에서 성공적인 비즈니스를 기대할 수 없을 것입니다. 부자가 되려는 사람은 사람을 상대해야 하고, 상대할 사람이 있는 곳에 있어야 하기 때문입니다. 그리고 그들이 당신이 원하는 방식으로 거래할 의향이 있다면 더할 나위 없이 좋을 것입니다.

분명한 것은 지금 내가 사는 이 동네에 부자가 있다면 나도 부자가 될 수 있고, 내가 사는 주(州)에 부자가 있다면 나도 부자가 될 수 있는 것입니다.

거듭 말하지만, 부자가 된다는 것은 어떤 특별한 사업이나 직업, 어떤 환경에 있는 것의 문제가 아닙니다. 반대로 똑같은 직업에 종사하는 바로 옆집 사람은 여전히 가난할 수 있습니다.

나 자신이 좋아하고 나에게 맞는 분야에서 최선을 다하기란 어렵지 않습니다. 자기 재능이 발현되고, 재밌고, 할수록 능력이 더해져 간다면 최선은 당연한 결과니까요. 아이스크림 가게는 추운 곳보다 더운 곳에서 더 잘 되듯, 어업 사업이 연어가 잡히는 북서부에서 더 잘 되고 성공하기 쉽듯이 말입니다.

그러나 이런 일반적인 제약은 차치해 두기로 합시다. 부자가 되는 것은 특정 사업에 종사하는 것이 아니라 특정 방식으로 일을 하는 법을 배우는 데에 달려있으니까요.

지금 내가 사는 이 동네, 이 업계, 이 분야에 있는 누군가는 분명히 돈을 벌고 있습니다. 돈을 벌고 있지 못한 것은 당신 아닙니까?

부자인 그 사람이 일을 진행하는 방식대로 당신이 일하지 않는 것, 바로 이것이 당신이 돈을 벌지 못하는 이유일 뿐입니다.

자본이 부족해서 부자가 되지 못하는 게 아닙니다. 자본이 있으면 더 쉽고 빠르게 자본을 불릴 수 있는 게 사실이지만, 자본을 가진 사람은 이미 부자기 때문에 부자가 되는 방법을 고민하지 않습니다. 그러므로 자본 확보가 부자가 되는 과정의 일부일 수는 있지만, 그것이 부자가 되는 일의 시작은 아니라는 것입니다.

아무리 가난해도 확실한 방법으로 일을 시작하면 부자가 되기 시작한 것이 되며 자본이 생기기 시작할 겁니다. 자본은 언제나 특정 방식으로 일할 때 따르는 결과값이기 때문입니다.

내가 이 나라에서 가장 가난한 사람이거나 빚이 많고 친구도 없거나 영향력이나 자원이 없다 해도 이 방식으로 일을 시작하면 반드시 부자의 반열에 들어설 수 있습니다.

같은 원인은 반드시 같은 결과를 낳을 뿐이니까요.

자본이 없으면 자본을 얻을 수 있게 됩니다. 잘못된 사업을 하고 있으면 올바른 사업을 할 수 있습니다. 잘못된 위치에 있으면 올바른 위치로 갈 수 있습니다. 현재의 사업과 현재의 위치에서 성공을 일으키는 방식으로 일을 시작하면 그렇게 할 수 있습니다.

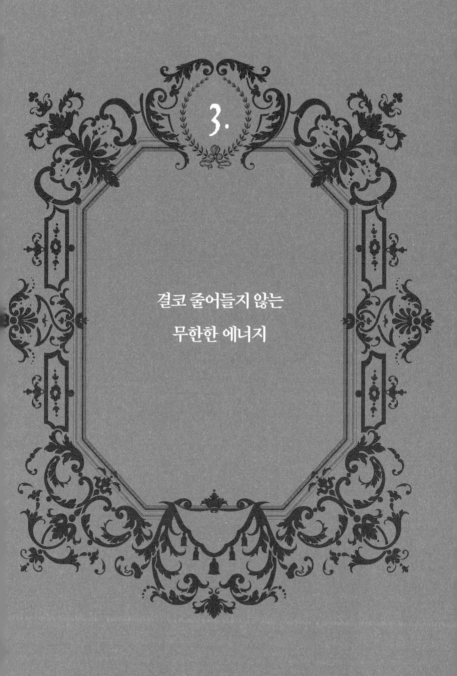

3.

결코 줄어들지 않는
무한한 에너지

다른 사람들이 부자가 될 기회를 모두 차지했거나 뺏어갔기 때문에 가난한 사람은 없습니다.

부자인 사람들이 부를 빼앗기지 않으려고 울타리를 쳐 놓았기 때문에 내가 가난한 게 아닙니다.

특정 분야의 사업은 다른 사람이 들어 올 수 없도록 기회를 차단해버리기도 하지만, 부자가 되는 방법을 통해 언제나 다른 통로로 다시 들어갈 수 있습니다.

누구도 부의 공급이 부족해서 가난하지는 않습니다. 현재 세상의 부는 모든 사람에게 돌아가도 남을 만큼 충분합니다. 현재 미국에서 생산하는 건축 자재만 가지고도 지구상의 모든 가정을 위해 워싱턴 국회의사당만큼 큰 궁전을 지을 수 있을 정도입니다.

전문화된 경작을 통해서 솔로몬이 전성기에 입었던 것보다 훨씬 뛰어난 양모, 면화, 리넨, 비단이 생산되고 있고, 세상 모든 사람을 호화롭게 먹일 수 있을 만큼의 식량도 생산할 수 있습니다.

이렇듯 지금 세상에는 많은 물질이 있습니다. 이것은 지구 전체가 모두 사용하고도 남을 정도로 충분합니다. 눈에 보이는 공급도 실제로 무한하지만, 눈에 보이지 않는 공급은 그야말로 무한대입니다.

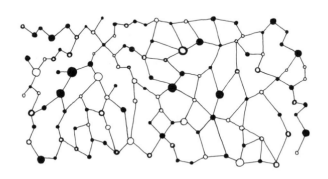

　지구상에 보이는 모든 것은 하나의 실체에서 만들어졌고, 그 실체로부터 모든 것이 생겨납니다. 새로운 형태는 끊임없이 만들어지고 낡은 것은 사라지지만 모두가 하나의 실체로부터 만들어진 것입니다.

　그 근원의 실체는 창조적인 에너지를 품고 있으며 실체의 공급에는 한계가 없습니다. 눈에 보이는 우주라고 말하는 것들 사이의 공간은 본래의 물질, 형태 없는 물질, 만물을 형상화하는 그 실체로 가득 차 있습니다.

그러므로 자연이 가난해서, 먹을 것이 부족해서 가난한 사람은 없습니다. 자연은 무궁무진한 풍요의 창고이며, 공급은 전혀 부족하지 않습니다.

건축 자재가 고갈되면 또다시 더 많은 나무가 생산될 것이고, 식량이나 옷감의 원료가 더 이상 생산할 수 없을 만큼 토양이 고갈되면 다시금 새로운 토양이 재생되거나 더 많은 토양이 만들어질 것입니다.

땅에서 금과 은을 모두 채굴해버렸는데, 인간 사회가 아직 금과 은이 필요한 발달 단계에 머물러 있다면 형태 없는 물질 속에서 더 많은 금과 은이 생겨날 것입니다.

보이지 않는, 실체하는 무형의 존재 에너지는 인간의 요구에 부응하여 인간에게 이로운 것은 무엇이든 만들어 내기 때문입니다.

따라서 인류는 항상 풍족하고 부유합니다. 이것을 이해하면 더 무한한 이치를 이해하기 쉽습니다. 공급은 절대로 멈추지 않을 것입니다.

개인이 가난하다면 그것은 나를 부유하게 만드는 보이지 않는 실체의 존재를 모르기 때문이고, 이것을 활용하는 특정 방식을 알고도 따르지 않기 때문일 뿐입니다.

무형의 이 물체는 생각하는 물체입니다. 그것은 살아 있으며 항상 더 많은 생명을 향해 나아갑니다.

더 오래 살고 싶어 하는 것은 자연스럽고도 고유한 생명의 충동입니다. 스스로를 더 확대해 나가려는 것은 지성의 본성입니다.

우리 눈에 보이는 우주는 형태 없는 이 생명체가 자신을 더 온전히 표현하기 위해 형태로서 자신을 드러낸 것입니다.

우주는 살아 있는 하나의 거대한 존재로서, 본질적으로 언제나 더 많은 생명과 더 완전한 작용을 향해 움직이는 살아있는 존재입니다.

자연은 생명의 진보를 위해 형성되었으며, 따라서 자연이 존재하는 가장 큰 동기는 생명의 증가입니다. 이런 이유로 자연은 조금이라도 생명을 연장할 수 있는 것이라면 무엇이든 충분히 제공합니다.

사람은 결코 부의 공급이 부족해서 가난한 것이 아닙니다. 이제 그 무한한 무형적 실체와 결합해 모든 것에서 충분해지는 방법에 대해 알아봅시다.

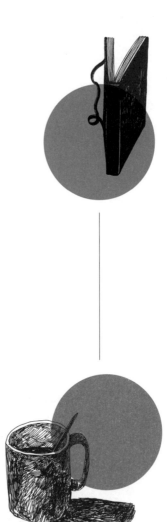

4.

하나의 절대적인 진실

생각은 형태 없는 물질에서 유형의 부를 생산할 수 있는 유일한 힘입니다.

모든 사물의 기원은 생각하는 물질이고, 이 실체가 어떤 형상에 대해 생각하면 곧 형상이 만들어집니다. 이것이 모든 사물이 생성되는 방식입니다.

우리는 생각의 세계, 즉 우주의 일부인 생각의 세계에 살고 있습니다.

성장 속도가 느린 참나무의 형상을 생각하고 나무를 심으면 비록 수십 년이 걸려도 결국 참나무는 자랍니다. 참나무를 생각한다고 해서 완전히 자란 나무가 즉시 만들어지지 않지만, 결국 정해진 성장 방향에 따라 나무로 자랄 힘을 발휘하기 시작합니다.

생각하는 실체가 어떤 형상에 대해 생각하면 그 형상은 생성되는 것이며, 무엇이든 이미 정해진 경로대로 자라고, 다만 자라나는 기간이 다를 뿐입니다.

어떤 특정한 구조의 집을 생각하는 경우, 그 무형의 생각을 표현하기 시작했다 해도 그것이 모두 구현되고 집이 즉시 형상화되지 않습니다.

하지만 그 생각은 이미 작용하고 있는 창조적인 에너지로, 집이 빨리 지어지고 생각한 구조가 실현되는 결과를 낳습니다.

이해를 돕기 위해 사례를 들어 말씀드렸지만 결론은 이것입니다. 인간은 사고의 중심이며, 생각을 일으킬 수 있습니다.

인간이 손으로 만든 모든 형태는 먼저 생각 속에 존재한 것이며, 생각 전에는 사물이 형상화될 수 없습니다. 형상에 대한 인간의 생각이 실체에 표현되면 반드시 그 원초적 실체에 영향을 미치는 것입니다.

그렇게 지금 우리의 눈에 보이는 모든 사물이 만들어졌습니다. 누군가 지금 내가 쓰고 있거나 보이는 사물이나 물건의 최초의 탄생을 생각했고, 그 생각이 실체에 전달되어 실현되었기에 지금 내 눈앞에 존재하는 것입니다.

이로써 우리는 생각을 형상으로 만들어 내는 물질 존재에 대한 어떠한 의심을 가질 필요도 없는 확실한 증거를 보고 있는 것입니다. 인간은 생각의 중심, 생각의 시발점이 될 수 있습니다.

인간이 만들어 낸 모든 형상도 처음에는 인간의 생각 속에 존재한 것들입니다. 지금껏 인간은 모든 일을 전적으로 노동에 의존해 해결해 오면서 이미 존재하는 형상들을 바꾸거나 수정하기 위해 육체를 이용했습니다.

하지만 그동안 한 번도 자기 생각을 사용해 아무것도 없는 무형의, 지금 이 순간부터 존재하지 않는 전혀 새로운 결과, 즉 만들어 낼 힘의 존재를 알고 그것을 사용하지는 못했습니다.

따라서 완전히 다른, 완전히 새로운, 어떤 결과를 만들 노력을 하지 않았습니다.

결론적으로 지금까지 무형의 지성, 형태 없는 지성 즉, '신'과 협력하려는 노력을 기울이지 않았습니다. 꿈에서조차 '신이 하는 일을 나도 할 수 있다.'라는 생각을 결코 해보지 못했습니다. 다만 육체노동으로 기존에 있던 형상의 모양을 바꾸고 그저 수정했을 뿐입니다.

지금부터 나는 우리가 '그렇게 할 수 있다'는 방법을 보여줄 것입니다. 그러기 위해서 중요한 사실을 언급하고 가겠습니다.

첫째, 무형의 물질, 즉 실체가 존재하며 모든 사물은 그 생각하는 물질로부터 생겨납니다. 눈에 보이는 수많은 것들은 사실 그 실체가 여러 가지 다른 모습으로 표현된 것에 불과합니다. 이 물질이 바로 생각하는 물질입니다.

생각하는 실체인 그 물질은 생각을 모양으로 만들어 냅니다. 따라서 내 생각을, 생각하는 실체에 전달할 수 있다면 나는 내가 생각하는 사물을 생성하거나 눈에 보이는 형상으로 만들어 낼 수 있습니다. 이 물질에서 생각은 이미지화된 것을 생성합니다.

이 책을 읽은 한 사람이 이 책에서 하라는 대로 해서 부자가 됐다고 하면 그것은 내 주장을 뒷받침하는 증거지만, 이 책에서 하는 대로 하는 모든 사람이 부자가 된다면 그것은 생각하는 실체가 존재한다는 명백한 증거입니다.

그리고 이 책에서 말하는 대로 따른 사람이 몇 명이든, 그가 누구든 반드시 부자가 될 것이기에 거짓이 될 수 없을 것입니다.

이 실체를 사용한 특정한 방식으로 일함으로써 부자가 될 수 있으며, 부자가 되기 위해서는 특정한 방식으로 생각할 수 있어야 합니다.

사람이 일을 처리하는 방식은 그가 생각하는 방식에 대한 직접적인 결과입니다. 이제 자신이 원하는 것을 이루기 위해서는 생각하는 능력을 습득해야 하며, 이것이 부자가 되기 위한 첫 번째 단계입니다.

생각하고 싶은 것을 생각한다는 것은 지금 보이는 겉모습과 상관없습니다. 모든 사람은 자신이 생각하고 싶은 것을 생각할 수 있는 내재된 힘을 갖고 있지만, 원하는 것을 만드는 생각을 할 수 있는 힘에는 노력이 필요합니다.

보이는 것에 따라 생각하는 것은 쉽지만 겉모습과 관계없이 본질적 진리에 맞게 생각하는 것은 어렵습니다. 바로 이 어려움이 연습이 필요한 그 어떤 일보다 더 많은 힘을 써야 하는 이유입니다.

사람은 지속적이고 일관되게 생각하는 것만큼 힘든 일도 없고 하기 싫은 일도 드물기 때문입니다.

특히 지금과 동떨어진 생각일수록 더욱 그렇습니다. 현재 상황으로 볼 때 거의 상반되다시피 한 생각 말입니다. 사람은 눈에 보이는 것을 보고 느끼고 경험하며 그것과 연결되거나 조금 발전된 형태를 바라게 되는 경향이 크기 때문입니다.

이 강력한 현상은 생각의 진실을 이해하는 힘으로만 막아 낼 수 있습니다.

질병이라는 것은 주변에서 쉽게 보는 현상으로 지금 내게 질병이 없고, 분명 건강한데도 계속 질병을 생각하는 결과로 질병이 생깁니다.

마음속에 질병의 형상이 만들어지고, 결국 육체에 그것이 발현된 것입니다. 오직 풍요로움만 존재한다는 진실을 믿지 않으면, 곧 가난이 마음의 형상으로 뿌리내려 가난이 생겨나는 것입니다.

질병으로 보이는 것들에 둘러싸여 있으면서 건강을 생각하거나 가난으로 느껴지는 상황 속에서 부를 생각하려면 힘이 필요하지만, 이 힘을 내는 사람만이 운명을 정복할 수 있고 원하는 것을 가질 수 있습니다.

이 힘은 모든 보이는 것들의 내부에 있는 근본적인 진실을 붙잡을 때만 얻을 수 있습니다. 그것은 바로 생각하는 실체가 존재하고, 모든 만물은 이 생각하는 실체로부터 생겨났다는 것입니다.

이 물체에 담긴 모든 생각이 형태가 되고 사람은 자기 생각을 그 물체에 각인시켜 표현함으로써 그것을 형상화할 수 있다는 진실을 이해하기 바랍니다.

이 사실을 깨닫는 순간, 우리는 우리가 만들고 싶은 것을 창조할 수 있고, 갖고 싶은 것을 얻을 수 있으며, 되고 싶은 사람이 될 수 있다는 것을 알기 때문에 모든 의심과 두려움을 잃게 됩니다.

첫 번째 단계로 제시한 세 가지 원칙을 다시 한 번 강조하면서 정리해 보겠습니다.

- 모든 만물이 만들어지고, 우주의 공간에 스며들고, 관통하고, 채워지는 생각하는 물질이 있습니다.
- 이 물질은 생각에 따라 형상화될 수 있는 모든 사물을 만들어 냅니다.
- 인간은 생각으로 사물을 형상화할 수 없으며, 자기 생각을 그 실체에 표현함으로써 사물을 생성할 수 있습니다.

여기에 제시된 개념 외에 다른 개념들은 모두 잊기 바랍니다. 다만 이 진실이 마음속에 단단히 자리 잡을 때까지 끊임없이 되새김질하십시오.

이 원칙을 읽고 또 읽으십시오. 낱말 하나하나를 기억하고 이 진실에 기꺼이 다다를 수 있을 때까지 깊이 생각하십시오. 의심을 떨쳐 버리십시오.

이 진실에 반대하는 말에 마음을 빼앗기지 마십시오. 흔하게 여기지 마십시오. 알고 있다고 자만하지 마십시오. 실체를 경험했다는 말에, 실체가 없다는 말에 현혹되지 마십시오.

부자가 되는 과학은 이 진실을 절대적으로 받아들이는 것에서 시작됩니다.

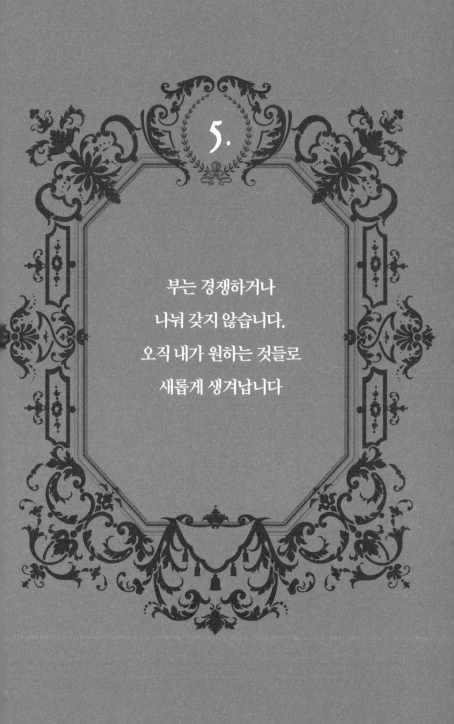

5.

부는 경쟁하거나
나눠 갖지 않습니다.
오직 내가 원하는 것들로
새롭게 생겨납니다

이제 우리는 가난이 신의 뜻이라거나 가난을 유지함으로써 신께 봉사할 수 있다는 낡은 생각을 모조리 떨쳐 버릴 때가 되었습니다.

전체이며, 전체 안에 존재하고, 전체 안에 살면서 우리 안에서도 사는 실체는 의식적으로 살아 있습니다. 그러므로 살아 있는 지적인 존재인 모든 인간에게는 생명 연장에 대한 선천적인 본성과 내재된 욕망이 존재합니다.

살아 있는 모든 생명체는 끊임없이 더 확장돼 살아 있으려는 갈망을 추구합니다. 땅에 떨어진 씨앗은 싹을 틔우고, 그 과정에서 수백 개의 씨앗을 퍼트리고 살면서 스스로를 번식시킵니다. 이처럼 살아 있음으로써 점점 더 늘어나며 영원히 증가하는 것입니다. 존재하기 위해 반드시 그렇게 합니다.

인간의 지성도 이런 지속적인 번식(증가)을 원합니다. 내가 배우는 모든 사실은 또 다른 사실을 배우게 하며 지식은 지속적으로 증가합니다. 또한 내가 익힌 모든 재능은 또 다른 재능을 기르려는 욕구를 불러일으키며 더 많은 것을 알고 더 많은 일을 하고 더 많은 어떤 사람이 되고 싶어 합니다.

이처럼 인간도 스스로를 표출하려는 생명의 자연스러운 충동에 따라 움직이며, 이 충동으로 더 많이 알고, 더 많이 하고, 더 많은 것이 되고 싶어 합니다.

더 많이 알고, 더 많이 실천하고, 더 많은 사람이 되려면 더 많이 가질 수밖에 없습니다. 하나의 모습이나 역할이 아닌, 여러 모습의 다양한 삶을 누리고 싶어 하는 인간 본성은 부자가 됨으로써 완성됩니다.

다시 말해 더 많은 사물과 현상을 사용해야만 배울 수 있고, 할 수 있고, 될 수 있습니다. 가난하면 온종일 직장에 나가 일만 해야 합니다. 다른 일이나 다른 삶은 꿈꾸기 어렵습니다.

그러나 부자들은 어떤가요?

일하는 시간에는 사업가였다가 여가를 즐길 때는 그저 나 자신으로 있습니다. 가족과 여행하고 함께 있을 때는 아버지로, 어머니로, 가족 구성원 한 사람으로 그 시간을 즐깁니다.

친구들과 함께 있을 수 있고, 취미 활동을 하며, 여러 가지 형태의 나로 번식돼 하나의 인생을 여러 가지 모습으로 다양하게 사는 것입니다. 이것이 생명의 번영 형태입니다. 따라서 인간 역시 더 많은 삶을 살기 위해서 부자가 되어야 하는 것입니다.

부에 대한 욕망은 더 큰 삶을 실현하게 만드는 능력입니다. 아직 표현되지 않은 가능성이 욕망으로 표출된 것입니다.

욕망을 일으키는 것은 표출하려는 힘입니다. 더 많은 돈을 원하게 만드는 힘은 지금보다 더 완전한 모습으로 표현되기 바라는 내재된 생명의 발현인 것입니다.

살아 있는 실체는 이 고유한 생명의 법칙에 따라 더 오래 살고 싶은 욕망으로 가득 차 있으며, 그 때문에 나는 우리가 모두 모든 것을 갖기를 바라는 것입니다.

내가 부자가 되는 것은 신의 소망이기도 합니다.

이 생명이 존재하는 한 더 강렬하고 다양한 모습으로 더 많은 삶을 사는 것이 신이 준 생명의 쓰임새기 때문입니다. 이때라야 신도 내 안에서 더 오래도록 함께 할 수 있는 것입니다.

• 우주는 내가 원하는 모든 것을 갖기를 원합니다.
• 자연의 법칙은 이 진실에 적극적으로 동의합니다.
• 모든 것은 우리를 위해 존재합니다.

이제 나의 목적이 모든 사물과 모두의 목적에 조화를 이루고 있는지 점검하십시오. 단순한 육체적 쾌락이 아닌 진정한 삶을 원하십시오.

욕망을 실현하고 타락한 생활을 위해 부자가 되려는 것이 아니지 않습니까? 그것은 진정한 삶이 아닙니다.

정신적 쾌락을 위해, 지식을 얻기 위해, 야망을 이루기 위해, 다른 사람보다 뛰어나기 위해, 유명해지기 위해서만 부유해지려고 하면 안 됩니다. 이 모든 것은 합법적이고 당연하게 따라오는 것들이지만, 이것들만을 위하면 부분적인 삶을 가지게 되며 그 많은 것에도 결코 만족하지 못하게 될 것입니다.

다른 사람의 이익을 위해서 부자가 되고 인류를 구원하기 위해 자신을 잃고 자선 활동과 희생의 기쁨만을 경험하고 싶지는 않을 것입니다. 영혼의 기쁨은 인생의 일부일 뿐, 다른 어떤 부분보다 더 좋거나 고귀하지 않습니다.

부자가 되려는 것은 먹고 마시고 즐거워하기 위해서, 아름다운 것에 둘러싸여 먼 땅을 보고 마음을 채우고 지성을 발전시키기 위해서, 사람을 사랑하고 착한 일을 하고 세상이 진리를 찾도록 돕는 데 좋은 역할을 할 수 있기 때문입니다.

극단적인 이타주의는 극단적인 이기주의보다 낮지도, 고상하지도 않으며 두 가지 모두 실수입니다.

신은, 인간이 다른 사람을 위해 자신을 희생하기 원하며 그렇게 했을 때 은총이 온다는 생각을 버리십시오. 신은 그런 것을 나에게 요구하지 않습니다.

신은 자신에게 최선을 다하고 자신을 위하면서 동시에 다른 사람을 위하는 것을 원합니다. 무엇보다 자신을 최대한 활용함으로 다른 사람을 더 많이 도울 수 있기 때문입니다.

부자가 되어야만 자신을 최대한 활용할 수 있는 또 다른 상황과 현상을 일으킬 일들이 더 많이 생겨납니다. 그렇기에 부자가 되려는 생각은 옳고 칭찬할 만한 일입니다. 그것은 잘못됐거나 고귀하지 않거나 저속한 생각이 아닙니다.

물질의 욕망은 전체를 위한 것이며 모든 사람을 위한 일입니다. 다만 그 실체를 이루려는 것은 더 많은 삶을 위한 것이어야 합니다. 나는 전체 안에서 다른 사람과 똑같이 부와 삶을 추구하고 있으므로 어느 한쪽에 더 불합리하게 운영되지 않습니다.

지적인 실체는 나를 위해 사물과 현상을 만들어 내지만 내게 주려고 다른 누구에게 그것들을 빼앗아 나에게 주지 않기 때문입니다.

따라서 경쟁할 필요가 없습니다. 우리는 무엇을 만들려는 것이지, 이미 만들어 진 것을 놓고 가지려고 다투려는 것이 아니기 때문입니다.

다른 사람에게서 아무것도 빼앗을 필요가 없습니다. 무모한 속임수를 쓰거나 이득을 취하기 위해 남을 해칠 필요가 없습니다. 일한 만큼 대가를 돌려주지 않는 방식으로 이익을 챙길 필요도 없습니다. 다른 사람의 재산을 탐내거나 부러운 눈으로 바라볼 필요도 없습니다.

그 누구도 내가 갖지 못하는 것을 갖고 있지 않으며 그가 가진 것을 빼지 않고도 모두 가질 수 있기 때문입니다.

경쟁자가 아닌 창조자가 되어야 합니다. 원하는 것을 가졌을 때 모든 사람이 지금보다 더 많은 것을 가질 수 있도록 행동해야 합니다.

하지만 이 모든 방향에서 정반대로 행동해 엄청난 돈을 버는 사람들이 있습니다. 그들은 순전히 경쟁 측면에서 남다른 능력을 발휘해 부자가 된 경우입니다. 때때로 산업혁명을 통해 인류의 발전이라는 위대한 목적에 따라 스스로를 연관시킨 사람들입니다. 존 데이비슨 록펠러(John Davison Rockefeller), 앤드류 카네기(Andrew Carnegie), 존 피어폰트 모건(John Pierpont Morgan) 등도 스스로는 의식하지 못했지만, 행위자로서 산업을 체계화하고 조직해 중요한 업적을 이뤄냈습니다.

이 일은 많은 생명이 더 확장되고 발현되는 데 기여했기에, 그들은 생명 확장에 한몫하며 막대한 부를 이뤘습니다.

하지만 이제 그들의 시대는 끝났습니다. 그들의 뒤를 이어 산업은 분산됐고 그것을 구성할 많은 행위자가 등장했기 때문입니다.

그들은 선사시대의 파충류와 같습니다. 진화과정에서 필수적인 역할을 하지만, 결국 그들이 만든 그 힘에 의해 파괴되고 새롭게 태어나기 때문입니다.

하지만 이들의 이면을 들여다보면 그들이 진정한 부자였는가에 대해서는 고개를 저을 것입니다. 드러난 개인적인 삶을 보면 그들의 내면에 가장 비참하고 가난한 사람보다 더한 초라함이 있기 때문입니다.

경쟁을 통해 얻은 부는 결코 영구적인 만족을 주거나 충만함을 함께 주지 않기 때문입니다.

과학적이면서 동시에 가장 확실한 방법으로 부자가 되려면 경쟁적 사고에서 완전히 벗어나야 합니다. 공급이 제한되어 있다고 단 한순간도 생각하지 않아야 합니다.

은행가들과 몇몇 사람들이 모든 돈을 거머쥔 채 통제하고 있고, 이런 일을 막는데 필요한 법령을 만들기 위해 노력해야 한다고 생각하지 마십시오.

이런 생각을 하는 순간 경쟁적 사고에 빠지고, 모든 것을 창조하는 힘이 약화되기 때문입니다. 더 큰 문제는 이 경쟁심리가 이미 싹튼 부를 만드는 현상의 움직임까지 막아 버릴 수 있다는 것입니다.

지구에는 아직 발견되지 않은 광산의 금덩이만큼 무한한 돈이 있다는 것을 인식하십시오. 설사 그렇지 않아도 생각하는 실체로부터 자신의 욕구를 충족시킬 만큼의 돈을 얼마든지 만들어 낼 수 있습니다.

눈에 보이는 것만 보지 말고 언제나 무형의 실체로 만들어 낼 수 있는 무한한 부를 보십시오. 그것을 수용하고 받아들이는 순간부터 부는 내게 오기 시작합니다.

누구도 눈에 보이는 지금을 나의 상황과 현실을 기준으로 내게 오는 소유를 포기하도록 만들 수 없습니다.

서두르지 않으면 내가 집을 살 채비도 하기 전에 다른 사람들이 모두 차지해 버릴 것이라는 생각은 단 한 순간도 하지 마십시오. 다른 사람이 당신을 이겼기 때문에 원하는 것을 잃게 될까 봐 두려워하지 마십시오.

나는 다른 사람이 소유한 것을 구하는 것이 아니라 형태가 없는 실체로부터 내가 원하는 것을 만들고 있으며 그 공급에는 제한이 없기 때문입니다. 이 진실에 충실하십시오.

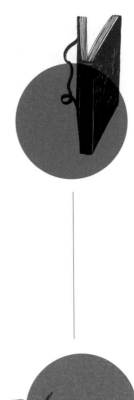

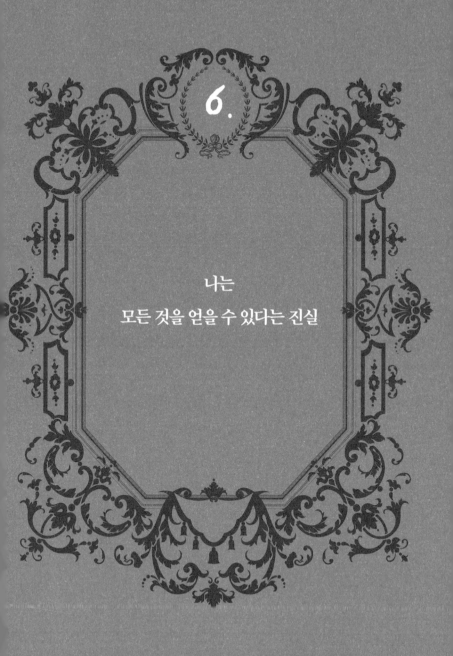

6.

나는
모든 것을 얻을 수 있다는 진실

무모한 거래를 밀어붙일 필요가 없다는 것은 거래 자체가 무의미하다는 뜻이 아닙니다.

내가 말하는 것은 누구하고든 불공정한 거래를 할 필요가 없다는 것입니다. 다시 말해 마땅히 지불해야 할 것을 주지 않아야 이득을 얻을 수 있다고 생각할 필요가 없다는 의미입니다.

그러면서도 나는 누군가로부터 얻은 것보다 상대에게 더 줄 수 있습니다. 어떤 이유 없이 말입니다.

상대에게 무언가를 얻을 때마다 그들 모두에게 더 많은 돈을 돌려줄 수는 없지만, 상대에게 얻은 것의 현금 가치보다 더 많은 것을 사용 가치로 돌려줄 수 있기 때문입니다.

가령, 이 책에 사용된 종이와 잉크, 그 밖에 원재룻값이 지불한 책값보다 월등히 적을 수 있습니다. 하지만 이 책에서 제공받은 아이디어와 가치가 수천 달러의 이익을 얻게 해 준다면, 이 책을 만든 제작자와 서점 주인은 독자에게 부당한 일을 한 것이 아닙니다. 오히려 적은 현금 가치로 큰 이용 가치를 준 것이지요.

당신에게 값비싼 그림 한 점이 있습니다. 수천 달러에 거래되는 유명한 화가의 이 그림은 도시나 문명화된 세계 어디서든 그 가치를 인정받습니다. 이때 당신이 에스키모에게 세일즈 정신을 발휘해 500달러어치의 모피와 바꾸자고 설득했다고 가정해 봅시다.

하지만 에스키모에게 이 그림은 전혀 쓸모가 없습니다(이 책의 출간이 1910년임을 고려해 읽을 필요 있음 – 편저자) 즉 당신은 그에게 아무런 사용 가치가 없고, 그의 생명을 더해주지도 않을 물건을 에스키모에게 매우 유용한 물건과 교환하려 했기 때문에 이 거래는 부당한 행동에 해당합니다.

하지만 당신이 에스키모에게 50달러짜리 총을 줄 테니 모피와 바꾸자고 제안했다면, 그것은 당신에게 유리하고 유용한 거래를 한 것입니다. 당신은 털실이 필요했던 것이고, 에스키모는 총이 필요하기 때문입니다. 그는 총을 이용해 더 많은 모피와 식량을 얻을 수 있습니다.

따라서 모든 면에서 생명이 증가하고, 결국 당신이 부자에 이르는 행동에 따른 것입니다.

여러분. 경쟁 단계에서 벗어나 창조적인 단계로 올라서면 이로움이 클 뿐 아니라 모두를 더 풍요롭게 하며 더 정확한 눈으로 거래해 나갈 수 있게 됩니다.

거래할 때 당신이 다른 사람에게 준 것이, 그가 당신에게 준 것보다 그의 생명을 더 풍요롭게 늘려주지 못하는 사업에 종사하고 있다면, 즉시 그 사업에서 벗어나십시오.

모든 사람에게 현금 가치를 주는 것보다 더 많은 가치를 제공하는 비즈니스를 선택하십시오.

그런 거래는 세상에 생명이 더 많아지게 하는 일이며, 그로부터 부는 쌓여갑니다. 나를 부유하게 만들어 주는 공식이기 때문입니다.

만약 당신에게 직원이 있다면 임금보다 더 많은 가치를 내도록 만들어야 합니다. 하지만 기회를 만들어 제공하고 발전을 원하는 직원들이 더불어 성장해 나갈 수 있도록 조직해야 합니다.

수고를 아끼지 않고 성실하게 일하는 직원 누구나 승진할 기회를 얻거나 어디서나 높이 인정받을 수 있는 경력을 가질 수 있도록 운영하는 것입니다.

이런 선순환이 바로 생명을 더 늘어나게 만드는 일이며, 이것이 부의 기본 공식입니다.

이제 당신이 원하는 무엇이든 당당히 이미 자신의 것인 양 요구하십시오. 부는 인간의 마음에 작용하는 최고 지성의 힘에 의해 우리에게 옵니다.

지금 내가 뉴욕에 살고 있어도 내가 원하는 것을 얻게 해줄 어떤 거래를 위해 텍사스나 일본에서도 사람이 찾아올 수 있다는 뜻입니다. 거리가 어떻든, 그것이 무엇이든, 당신이 분명하게 원하는 한 우주 어디서라도 반드시 오게 되어 있다는 것을 기억하십시오.

생각으로 만들어지는 물질은 모든 것을 통해, 모든 것 안에서, 모든 것과 소통하며, 모든 것에 영향을 줄 수 있다는 것을 한순간도 의심하지 마십시오.

더 풍요로운 삶과 더 나아가 삶을 생각하는 물질의 욕망은 이미 만들어진 모든 창조를 일으켰습니다. 사람들의 욕망과 믿음으로부터 무엇이든 만들어 내며, 나에게 필요한 그 하나가 아닌 수백만 개를 더 만들어 온 것입니다. 그리고 앞으로도 또 그렇게 될 것입니다.

내 삶과 다른 사람의 삶의 진보에 필요한 물건과 그 진보를 위해 사용할 다른 물건들도 당신은 얼마든지 가질 수 있습니다. 많은 것을 요구하고 원하는 것을 주저하지 마십시오.

성서에 "너희에게 주는 것이 너희 아버지께서 기뻐하시는 일이다."라는 말이 있습니다. 실체는 우리는 안에서 가능한 한 끝까지 살기를 원하며, 내가 가장 풍요로운 삶을 살기 위해 사용할 수 있거나 사용할 모든 것을 갖기를 원합니다.

신은 악기를 연주할 수 있는 재능을 가진 이들이 특정 악기 하나뿐 아니라 모든 악기를 두루 살펴 그의 재능을 최대한 갈고닦을 수 있기를 바랍니다.

신은 아름다움을 감상할 수 있는 사람들이 아름다운 것들로 둘러싸여 있기를 원합니다.

신은 진실을 분별할 줄 아는 사람들이 여행하며 세상을 두루 관찰할 기회를 얻기 바랍니다.

신은 옷에 감각적인 재능이 있는 사람들이 아름다운 옷을 더 많이 입기를 바랍니다.

신은 좋은 음식을 평가할 수 있는 사람들이 더 다양하고 풍요로운 식생활을 즐기기 바랍니다.

신이 바라는 것은 이 모든 것들을 즐기고 감상하는 것입니다. 신, 그 자신이 바로 그런 존재기 때문입니다. 사도 바울이 "우리 안에서 무언가 바라는 그것을 하도록 만드는 이가 신이다."라고 말한 것과 같습니다.

신은 우리가 부를 얻고 싶어 하는 욕구를 통해서 끊임없이 자신을 표현하고 있습니다. 따라서 우리는 주저 없이 신에게 많은 것을 요구해도 되는 것입니다.

너무 많은 사람이 가난과 자기희생이 문제없을 뿐 아니라 괜찮다는 낡은 사고방식을 갖고 있습니다. 나 외에도 가난한 사람이 너무 많기 때문에 나 역시 가난해도 된다는 식의 생각도 많습니다.

그들은 부를 추구하고 맹렬히 요구하는 (다만 옳은 방식으로) 것을 부끄럽게 여길 정도로 잘못된 생각을 많이 갖고 있습니다. 그저 자신을 편안하게 해 줄 정도의 아주 겸손한 능력이나 부 이상을 원하지 않으려고 하는 것입니다.

한 학생에게 저는 '원하는 창조적인 생각을 무형의 실체에 표현될 수 있도록 하라.'라고 가르쳤습니다. 그 학생에게 원하는 것을, 마음속에 뚜렷하게 그려두어야 한다고 말했습니다.

그 학생은 셋방에 살면서 하루하루 번 돈으로 생활했는데, 모든 부가 자신의 것이라는 사실을 전혀 알지 못했습니다.

그러나 나의 제안을 깊이 새겨듣고는 이 논리를 공부하며 곰곰이 생각했습니다. 그리고는 방바닥에 깔 가장 좋은 새 양탄자와 집을 따뜻하게 만들어 줄 연탄난로를 요구하기로 결심했습니다.

학생은 정말로 믿기로 작정하고 그 물건들이 이미 자신 것인 양 생각과 마음으로 무형의 생각하는 실체에게 가 닿도록 이미지를 전했습니다. 명확하게 이미지를 떠올리는 방식으로 요구한 것입니다.

그리고 단 몇 달 만에 새 양탄자와 난로를 갖게 되었습니다. 그

제야 학생은 자신이 충분히 요청하지 않았다는 사실을 깨달았습니다.

그는 자신이 살던 집을 살펴보고 그 안에서 개선하고 싶은 모든 사항을 생각했습니다. 가장 이상적인 집이 머릿속에 완성될 때까지 생각하기 시작했습니다. 그리고 어떤 가구를 들일 것인지 계획했습니다.

그렇게 전체 그림을 마음에 확실하게 품고 살기 시작한 학생은 자신이 원하는 것을 향해 나아갔고, 지금은 그런 집을 소유하고 있으며, 더 무한한 생각의 실체를 이용해 더 큰 것을 얻기 위해 계속 나아가고 있습니다.

그는 그가 원하는 그대로 이뤄가고 있으며, 여러분과 우리 모두 그렇게 될 것입니다.

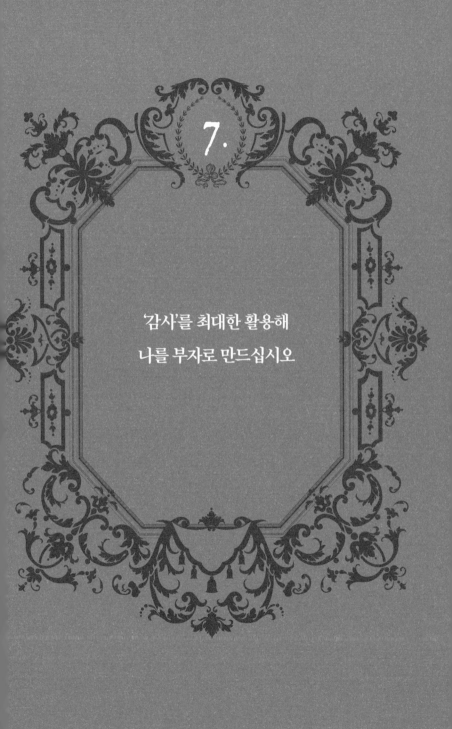

7.

'감사'를 최대한 활용해

나를 부자로 만드십시오

앞서 부자가 되기 위한 첫 번째 단계가 '원하는 것에 대한 생각을 무형의 실체에게 전달하는 것'이라는 사실을 알게 되었습니다.

이것은 절대로 변하지 않을 완전무결하고 확고부동한 진실입니다.

지금 여러분이 가진 것 중 일부는 원하고, 형상을 만든 덕분에 가진 것입니다. 몇 개 혹은 그 이상 또는 모든 것일 것입니다. 책 읽기를 멈추고 눈을 감고 곰곰이 생각해 보면, 나의 이 말에 동의하지 않을 수 없을 것입니다.

이 사실을 서둘러 깨닫고 자신을 위해서 나 자신이 원하는 생각을 무형의 지성과 조화로운 방법으로 연결할 필요가 있다는 것까지 깨달을 필요가 있습니다. 조화로운 관계를 확보하는 것은 근본적이고도 매우 중요한 문제이기 때문에 이것에 관해 좀 더 이야기해 보고자 합니다.

이것은 온통 '감사하는 마음'이라고 명확하게 요약할 수 있습니다. 여기에는 세 가지 믿음이 필수적으로 필요합니다.

첫째, 창조적이며 지적인 실체가 존재하며 그 실체로부터 모든 사물이 생성된다는 믿음입니다.

둘째, 이 실체가 내가 원하는 모든 것을 제공한다는 믿음입니다.

셋째, 이 실체의 주된 특성 즉, 깊고 깊은 감사의 마음을 느낌으로써 자신을 실체와 연관시키려는 믿음입니다.

부의 근원에 더 가까이 갈수록 더 많은 부를 받게 된다는 단순한 사실을 이해하기 바랍니다. 언제나 감사하는 사람은 그렇지 않은 사람보다 실체에 더 밀접하게 연결되어 살게 된다는 것을 이해하십시오.

실제로 가난한 사람들을 주의 깊게 살펴보면, 하나의 공통점을 쉽게 발견할 수 있을 것입니다. 가난한 이들 중에 감사한 마음을 갖고 감사를 가슴 깊이 느끼며 사는 사람이 있는지 살펴보십시오.

지금 가난한 사람이라도 감사하는 마음을 갖고 사는 사람은 그 가난의 대열에서 빠져나와 살게 됩니다. 지금 감사하며 사는 사람은 그 가난의 대열에서 벗어나는 중인 것입니다.

'감사한 마음 없음'은 가난의 분명한 공통점이기 때문입니다. 신, 지성의 실체와 연결해 주는 감사의 끈을 삭둑 잘라버린 것입니다.

좋은 것을 얻었을 때 신에게 감사하면 할수록 우리는 더 많은 것을 받게 되며, 더 좋은 것이 더 빨리 우리에게 찾아들 수 있도록 행동하는 것입니다. 감사하는 마음이 복이 오는 근원과 나를 더 밀접하게 연결시키기 때문입니다.

감사가 당신의 온 마음을 우주의 창조적 에너지와 더 긴밀하게 조화시킨다는 생각이 든다면, 정말 이 말을 골똘히 생각해 보면, 이것이 사실이란 걸 알게 될 것입니다. 당신이 이미 가진 모든 좋은 것들은 이런 특정 법칙에 따라 당신에게 왔습니다.

감사는 사물이 오는 길을 따라 마음을 이끌고 창조적 사고와 긴밀한 조화를 유지하며 경쟁적 사고에 빠지지 않게 해줍니다.

우리는 감사하는 마음을 통해서만 전체를 바라볼 수 있고, 부가 한정되어 있다고 생각하며 경쟁으로 쟁취해야 하는 것이라는 사고방식에 빠지지 않고 자신을 지킬 수 있습니다. 당신이 원하는 결과를 얻기 위해 이 법칙을 반드시 지키기 바랍니다.

감사의 법칙은 실재합니다. 엄연히 존재합니다. 감사 법칙의 작용과 반작용의 힘의 크기는 똑같기 때문입니다. 감사하는 마음으로 무언가를 바라는 쪽이든, 감사를 모르고 그저 주어진 대로, 또는 불평으로 지내는 쪽이든 그 힘의 크기는 같기 때문입니다.

이것은 자연의 법칙일 뿐입니다. 따라서 다른 예외의 경우는 없습니다.

감사로 신에게 마음을 보낸다는 것은 방출입니다. 감사하는 마음은 그것이 목표로 한 대상에 반드시 도달되며 반작용 역시 즉각적인 움직임으로 나타납니다.

널리 쓰이는 문장 중에 "신에게 가까이 다가가라. 그러면 신도 당신에게 가까이 다가올 것이다."라는 말은 진실을 표현한 말입니다.

감사하는 마음이 강하고 지속적이라면 무형의 물체가 나타내는 작용도 강하고 지속성도 강해집니다. 그래서 내가 원하는 것들의 움직임이 언제나 나를 향해 있을 것입니다.

감사하는 마음 없이는 온전히 많은 부의 힘이 발휘되지 않습니다. 나를 그 힘의 근원과 연결시켜 주는 것이 바로 감사하는 마음이기 때문입니다.

하지만 감사의 가치는 미래에 내가 받을 더 많은 축복을 얻는 것에만 있는 것이 아닙니다.

감사하지 않으면 있는 그대로의 상황과 현실과 현상에 불만족스러운 생각에서 벗어날 수 없습니다. 이렇게 불만을 품고 사는 순간 내가 있는 자리든, 지금 내가 가진 것이든 잃기 시작합니다.

이때 나는 평범해지고, 가난하고, 초라하고 비열한 것이 다가오기 시작합니다. 마음이 열등한 것에 머물도록 허용하는 것은 열등해지고, 열등한 것들로 나를 둘러싸는 것입니다.

반면, 최고의 것에 집중한다는 것은 주위가 최고의 것들로 가득하고 스스로도 최고가 된다는 뜻입니다.

내 안에 있는 창조적인 힘은 내가 관심을 기울이는 대상의 이미지로 나를 만듭니다. 우리는 생각하는 실체이며, 생각하는 실체는 언제나 생각하는 형태의 형상을 따릅니다.

감사하는 마음은 끊임없이 최고에 고정된 상태입니다. 그러므로 그것은 언제나 최고가 되려는 경향을 내포하고 있습니다. 결국 최고의 형상과 특성을 따라 모습을 만들게 되며 종국에는 최고를 얻게 될 것입니다.

모든 신념 또한 감사함에서 태어납니다. 감사하는 마음은 끊임없이 좋은 것을 기대하게 만듭니다.

기대는 믿음이 됩니다. 누구라도 마음속으로 감사하는 마음을 가지면 그에 대한 작용으로 신념이 생겨나기 때문입니다.

감사하는 마음을 느끼지 못하는 사람은 이렇게 생생하게 살아있는 믿음을 오래 유지할 수 없습니다. 살아 있는 믿음 없이는 아직 오지 않고 갖지 못한 모든 것을 만드는 방법 즉, 창조적인 무형의 방법으로 부유해질 수 없습니다.

그러므로 자신에게 오는 모든 좋은 일에 감사하는 습관을 기르기 바랍니다. 지금 이 책을 읽는 이 순간 무엇이든 떠오르는 것에 눈을 감고 감사를 표현해 보기 바랍니다.

감사도 습관으로 만들 수 있습니다. 지속적으로 감사하기 위해 습관으로 만드십시오.

모든 것이 나의 발전에 기여했습니다. 세상의 만물은 지금 나를 만드는 데 기여했습니다. 그러므로 모든 사물 또한 감사의 대상에 포함되어야 마땅하지 않겠습니까.

독재자나 권력자, 경제적 거물의 결점이나 잘못된 행동에 대해 생각하거나 이야기하는 데 시간을 낭비하지 마세요. 그들의 세계적인 조직이 나를 포함해 많은 사람에게 기회를 만들어 주었으며, 그런 사람들로부터 우리에게 기회가 오는 것이기 때문입니다.

부패한 정치인들에 대해 분노하지 말고, 분노하는 데 시간을 낭비하지 마십시오. 정치인들이 없었다면 우리는 무정부 상태에 빠졌을 것이고, 내가 누리거나 누렸던 기회도 크게 줄어들 것입니다.

자본가와 권력자, 거물, 정치인이 없어도 그만이라면 당장이라도 그들은 사라져 버렸을 것입니다. 그들이 지금껏 세상에 분명한 위치에서 끝없이 나타나고 있는 것은 그들이 필요하기 때문입니다. 더불어 그들은 그들의 과업에 따라 움직이고 있는 것입니다.

그들도 우리를 부유하게 만드는 일에 도움을 주고 있다는 것을 감사하고, 모든 것에 감사하십시오. 이렇게 할 때 모든 것의 선과 조화로운 관계를 맺을 수 있으며 모든 것의 선이 나를 향해 움직일 것입니다.

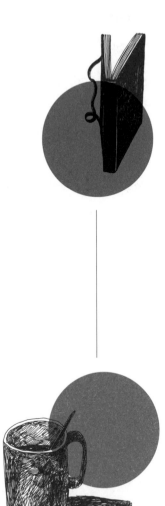

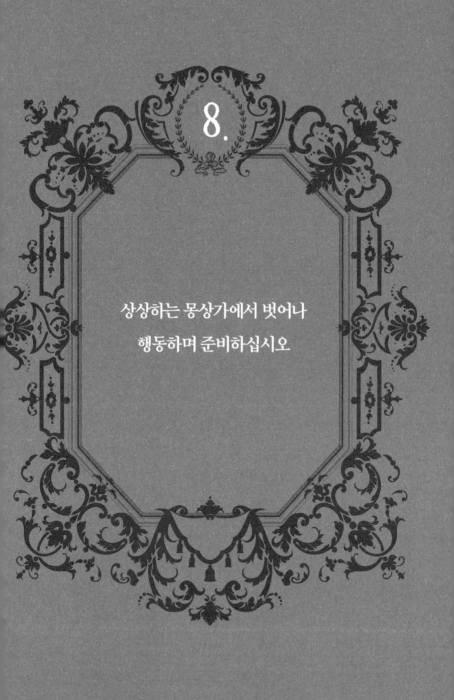

8.

상상하는 몽상가에서 벗어나

행동하며 준비하십시오

6장으로 되돌아가서 집에 대한 생각 이미지를 형상화한 학생의 이야기를 다시 읽으면, 부자가 되기 위한 첫 번째 단계에 대한 개념이 어느 정도 잡힐 것입니다.

이제 마음속에 원하는 것을 명확한 정신적 이미지로 형성해야 합니다. 내가 갖고 있지 않으면 형상화되지 않은 실체, 창조의 실체에 아이디어를 전달할 수 없습니다.

많은 사람이 하고 싶은 것, 갖고 싶은 것, 되고 싶은 것을 막연하고 흐릿한 개념만으로 갖고 있기에 생각의 실체를 제대로 표현하지 못하고 있습니다.

부에 대한 일반적인 욕구는 '해야 할 일 목록을 정리하거나 생각하는 일'이 아닙니다. '좋은 일과 착한 일을 하기 위해서 나에게는 부가 필요하다.'라는 소망 역시 충분하지 않습니다.

그런 소망은 누구나 갖고 있을 뿐입니다.

여행하고 싶고, 많은 것을 보고 싶고, 더 여러 가지 형태의 삶을 사는 것으로 '더 많은 생명으로 증폭되어 살고 싶다.'라는 소망을 갖는 것만으로 충분하지 않습니다.

가령 친구에게 무선 메시지를 보내야 한다고 했을 때 알파벳 글

자를 무작위 단어로 보내지 않을 겁니다. 친구 스스로 메시지를 구성하게 하거나 알아차리게 하지 않겠지요. 일관성 있는 문장, 내가 전달하고 싶은 내용이 잘 전달되도록 의미 있는 문장을 만들어 보낼 겁니다.

내가 원하는 것을 창조적 물질에 전달하려고 할 때도 마찬가지입니다. 잘 정돈된 문장으로 표현해야 합니다. 다시 말해 내가 원하는 것이 무엇인지 알고 있되 명확하게 전달할 내용을 알고 있어야 한다는 것입니다.

구체화되지 않은 마음의 바람이나 막연한 소망을 표출하면 절대 부유해지는 데 필요한 창조적인 힘이 발휘될 수 없습니다.

앞서 언급한 학생이 자기 집을 살펴보고 자신이 원하는 욕망을 일으켜 원하는 것을 확인하는 과정과 같습니다. 그것을 얻었을 때 내가 느낄 감정, 환희, 어떤 모습으로 그것을 받아들게 될지 머릿속으로 명확하게 그려 보세요.

키를 잡은 뱃사람이 목적지인 항구에 정확하게 도착할 수 있도록 항로를 매 순간 염두에 두듯이, 나 자신은 언제나 내가 원하는 것에 향해 있어야 합니다.

집중 훈련하거나 따로 기도 시간을 내거나 확언의 시간을 마련하거나 명상에 잠기거나 초자연적인 행위를 할 필요도 없습니다. 그러나 내가 원하는 것이 무엇인지 알고 그것이 생각에 머물 수 있을 만큼 충분히 간절히 원해야 합니다.

시간이 허락되는 한 마음이 그 원하는 것들을 생각하는 데 시간을 사용하십시오. 마음을 집중시키는 연습을 힘겹게 하라는 것이 아닙니다. 그저 진심으로 내가 원하는 것을 찾고 일으키고 떠올리는, 진지한 시간으로 찾아낸 그 바람을 명확하게 언제든 떠올릴 수 있으면 됩니다.

그리고 그것을 향한 내 욕구가 실현될 것을 한 치의 의심 없이 믿고, 그 방향으로 행동하며 지내면 됩니다.

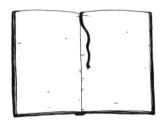

이렇게 계속 강조해도 이 책에서 제시한 지침을 실행하지 않으면 무슨 소용이 있겠습니까? 온 마음을 다해 부자가 되기 원하지 않는 것을 도울 방법이 더는 없습니다.

목적을 향한 소망이 충분히 강하지 않다면 여기서 제공한 지침을 따른들 무슨 소용이 있겠습니까?

여기에 제시된 방법은 정신적 게으름과 편안함을 좋아하는 마음을 극복하려는 사람들을 위한 것입니다. 재물에 대한 욕구가 강한 사람들을 위한 것입니다. 그로부터 생명을 더 번창시키고 모든 것을 누리는 삶을, 내가 구하면 얻을 수 있다는 확신에 찬 사람들을 위한 것이기 때문입니다.

마음의 그림을 더 명확하고 명확하게 만들수록, 그리고 더 많이 그 그림에 머물수록, 모든 즐거운 세부 사항을 끌어낼수록 욕망은 더 강해질 것입니다. 욕망이 강해질수록 원하는 그림에 마음을 고정하기가 더 쉬워질 것입니다.

그러나 단순히 그림을 명확하게 보는 것 이상의 뭔가가 필요합니다. 그것만으로는 몽상가일 뿐이며 성취할 힘이 거의 없거나 전혀 없는 것과 같기 때문입니다.

명확한 비전 뒤에는 '그것이 왜 반드시 실현돼야 하는가?'라는 목적의식이 있어야 합니다. 더불어 그것을 표현으로 이끌어 내야 합니다.

이 목적 뒤에는 그 일이 이미 나의 것이라는, 즉 '이미 가시화 되어 나에게 오고 있다.'라는 믿음과 그것을 소유하기만 하면 된다는 무적처럼 흔들리지 않는 믿음이 필요합니다.

물리적 형태로, 내가 살고 싶은 새집이 형상으로 나타날 때까지는 마음속으로 새집에서 살고 있다고 생각하십시오.

마음에서만큼은 주저하지 말고 원하는 것들을 마음껏 즐기십시오. "무엇이든 구하는 것은 받은 줄로 믿어라. 그리하면 너희에게 그대로 되리라."라는 예수의 말과 같습니다.

원하는 물건이 실제로 항상 내 주위에 있는 것처럼 보고, 내가 그것을 소유하고 사용한다고 생각하세요. 실제 소유물일 때 사용하는 것처럼 상상 속에서 그것들을 활용하세요.

머릿속 그림이 선명하고 뚜렷해질 때까지 그 생각 속에 머무르세요. 그리고 그 모든 것을 소유했다는 정신적 태도를 취하세요.

그것이 실제로 당신 것이라는 완전한 믿음으로 그것을 소유하세요. 이 정신적 소유권을 붙잡고 그것이 진짜라는 믿음을 한순간도 포기하지 마십시오.

7장에서 언급한 감사한 마음에 관한 내용을 기억하십시오. 내가 바라는 것들이 실현되기 바라는 마음의 크기만큼 그것을 가진 것에 대해 감사하십시오.

아직은 상상 속에서만 가진 그것들에 대해 진심으로 감사할 수 있는 사람은 진정한 믿음을 가진 사람입니다. 믿고 바라고 원하는 크기에 맞는 행로로 걷는 힘은 무한히 커집니다.

따라서 그는 부자가 될 것이며, 원하는 것은 무엇이든 창조하게 될 것입니다.

원하는 것을 위해 반복해서 기도할 필요는 없고, 신께 매일 그것에 대해 말할 필요도 없습니다. 다만 나의 역할은 나의 바람과 욕구를 공식화하는 일입니다.

더 큰 삶을 위해 욕망을 일관된 전체로 배열하고, 원하는 것을 가져다줄 힘과 의지가 있는 형태 없는 물질, 즉 실체에 이 통합된 소망을 확실히 표현하는 것입니다.

몇 마디 말을 반복적으로 내뱉는 것이 아닙니다. 이 일은 비전을 달성하려는 확고한 목적, 비전을 달성할 수 있다는 확고한 믿음을 갖고 비전을 품는 일입니다. 다만 이것뿐입니다.

실현은 말하는 동안의 믿음에서 이뤄지는 것이 아니라, 그것이 모두 이뤄질 거라는 확신과 믿음을 품고 행동하고 일하는 동안의 신념에 따라오기 때문입니다.

안식일을 특별히 정해서 신께 원하는 것을 말하고 나머지 주중에는 신을 잊어버리는 것으로는 신을 감동시킬 수 없습니다. 특별한 시간을 정해 골방에 들어가 기도한다고 해서 그 기도 시간이 다시 올 때까지 원하거나 요청하는 그 문제를 잊는다면 신을 감동시킬 수 없습니다.

입으로 하는 기도 역시 중요합니다. 특히 신앙을 깊이 만드는 데 있어 효과도 분명합니다. 그러나 원하는 것을 얻는 것은 입으로 하는 탄원이 아닙니다.

여기서 말하는 기도는 비전을 눈에 보이는 형상으로 만들어 내겠다는 목적과 그렇게 되고 있기에, 내가 마땅히 그것이 즉각 내게로 직행할 수 있는 행동을 함께하는 행위입니다. 그것들을 받게 될 것을 믿는 동시에 그것을 얻을 수 있는 행동으로 주파수를 맞추십시오.

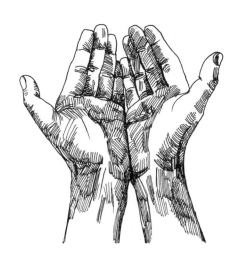

100

불멸의 지혜

비전을 명확하게 형상화했다면 이제 받는 일이 남았습니다. 새로운 집에서 살고 좋은 옷을 입고 좋은 차를 타고 여행을 떠나고 자신 있게 더 큰 삶을 계획하십시오. 내가 요청한 모든 것들을 현재 소유의 관점에서 생각하세요.

원하는 환경과 재정 상태를 정확히 상상하고 그 상상 속 환경과 재정 상태에 이미 놓인 관점의 풍요로움을 품은 채로 생활하세요. 마땅히 그것이 오는 그 통로와 연결되는 행동을 취하십시오.

단순한 몽상가로 머물지 마십시오. 성을 쌓는 일에만 몰두하지 마십시오. 단순히 성을 쌓는 사람이 되지 말고, 상상하는 성이 실현되고 있다는 믿음과 그것을 실현시키려는 행동을 붙잡아야 한다는 것을 명심하십시오.

부를 만드는 과학의 힘을 사용하는 사람과 몽상가의 차이를 만드는 것은, 상상력을 사용할 때의 신념과 그 일의 목적이라는 것을 기억하십시오.

그리고 이 사실을 배운 우리는 의지를 사용하는 방법을 더 알아볼 필요가 있습니다.

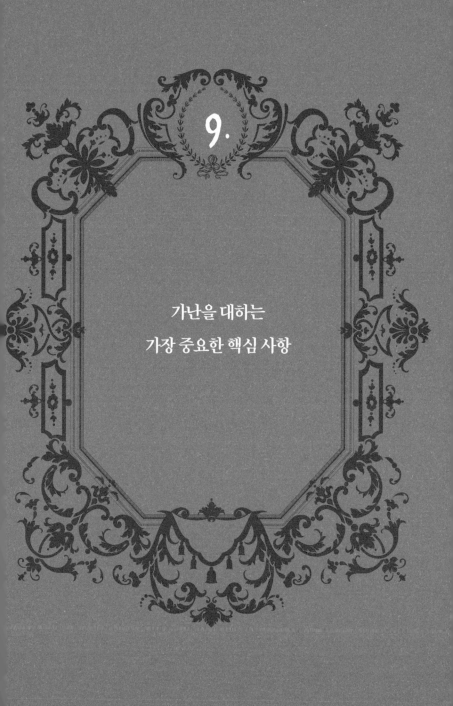

9.

가난을 대하는
가장 중요한 핵심 사항

과학적인 부의 근원으로, 부자가 되려는 사람은 생각의 힘을 나 이외의 사람에게 적용하면 안 됩니다.

누군가 자신이 원하는 일을 하도록 만들기 위해 다른 사람에게 자기 생각의 힘을 사용하는 것은 잘못된 행동일 뿐 아니라 누구에게도 그런 권리는 없습니다.

정신적인 힘으로 다른 사람을 조종하는 행위는 행동으로 강제하는 것만큼이나 극악무도한 짓입니다. 물리적인 강제하는 힘이 사람을 강제로 노예처럼 부리는 것이라면, 정신적인 힘으로 사람을 조종하는 것은 방법만 다를 뿐 똑같은 결과를 낳습니다.

물리적인 힘으로 사람의 물건을 빼앗는 것이 강탈이라면 정신적인 힘으로 물건을 빼앗는 것도 강탈입니다. 이 두 가지는 원칙적으로 차이가 없습니다.

상대에게 유익이 되는 것이기에 무언가를 바라고 사용하는 것이라고 생각하는 경우는 어떻습니까? 그에게 정말 유익이 되는 것이 무엇인지 결정한 사람은 누구입니까?

누구라도 자신에게 가장 유익이 되는 것, 원하는 것은 자신이 가장 잘 알고 있습니다.

따라서 내가, 내 기준에서, 내 생각과 경험으로, 내 판단과 가치관으로, 또는 내게 유익하기 때문에 등 그 어떤 이유라도 내 정신의 힘을 사용해 조정하려고 해서는 안 되는 것입니다.

그것은 폭력이며 부당한 일입니다. 이것은 세상 모든 이를 포함해 아이, 연인, 친구, 배우자, 부모 형제 모두에게 동일하게 적용됩니다.

부자가 되는 과학은 어떤 식으로든 다른 사람에게 권력이나 힘을 행사할 것을 요구하지 않습니다. 그렇게 할 필요성이 조금도 없습니다.

실제로 다른 사람에게 내 생각의 힘을 사용하려는 시도는 나의 목적을 좌절시키고 무너뜨리는 경향이 있을 뿐입니다.

내가 원하는 것이 내게 오게 하려고 사물에 의지를 적용할 필요도 없습니다. 그것은 신과 형상화되지 않은 무형의 실체를 조정하려는 행동이며, 어리석고 쓸모없을 뿐 아니라 경건하지도 않습니다.

태양이 떠오르게 하려고 의지를 사용할 필요가 없듯, 나에게 좋은 것을 달라고 쓸데없는 억지를 부릴 필요가 없습니다. 비우호적인 신을 정복하거나 완고하고 반항적인 세력에게 내 명령을 따르게 하기 위해 의지력을 사용할 필요가 없다는 의미입니다.

여러분. 실체는 우리에게 언제나 우호적입니다.

내가 원하는 것을 얻으려는 욕구보다 원하는 것을 나에게 주려는 욕구가 더 큰 존재입니다. 부자가 되려면 그것을 알고 바라고 믿고 사용하겠다는 의지력만 있으면 됩니다.

이제 무엇을 생각하고 행동해야 할지 알았다면 올바른 생각과 행동을 하도록, 스스로 힘을 내기 위해 의지를 사용하십시오. 이것이 바로, 원하는 것을 얻기 위해 의지를 합법적으로 사용하는 일입니다.

올바른 길로 가겠다는 의지에 힘을 쓰십시오.

부를 만들고 가져다주는 실체에게 생각의 힘을 사용하는 데 힘쓰십시오.

그리고 그것이 나에게 오고 있기에, 그 모든 것과 더 빠르게 만날 수 있도록 반대편에서 통로를 함께 만드는 행동에 힘쓰십시오.

자신의 의지, 생각, 마음을 우주에 투사해 사물이나 사람을 조종하려고 하지 마세요. 마음을 그런 곳에 사용하느니 그저 가슴에 머물도록 움직이지 않는 것이 더 낫습니다. 오히려 마음은 그 상태로 더 많은 것을 이룹니다.

마음에 원하는 것에 대한 정신적 이미지, 생각의 이미지를 만들고, 믿음과 목적을 갖고, 비전을 유지하며 의지를 사용하는 올바른 방향으로 움직이세요. 그 믿음과 목적이 꾸준하고 지속적일수록, 물질에 긍정적인 생각만 표현하게 되어 더 빨리 부자가 될 것입니다.

내가 아는 한 이렇게 할 때 하나의 우주 전체에 걸쳐 가장 먼 곳까지 나의 바람이 스며듭니다.

이런 생각을 품으면 모든 행동과 모든 힘과 실체가 실현을 향해 움직이기 시작합니다. 모든 생물과 무생물, 아직 창조되지 않은 것들이 내가 원하는 것을 실현하기 위해 자극받습니다.

모든 힘이 그 방향으로 발휘되기 시작하고, 모든 것이 나를 향해 움직이기 시작합니다. 모든 곳의 사람의 마음은 나의 욕망을 성취하는 데 필요한 일을 하도록 영향을 받습니다.

말하자면 무의식적으로 나를 향해 일하기 시작합니다.

그러나 무형의 실체하는 힘에 부정적인 생각을 갖기 시작하면, 또는 비웃거나 조롱하기 시작하면 이 모든 것의 방해를 받게 됩니다.

믿음과 목적은 나를 향해 무의식의 힘과 나 자신을 움직이게 하는 힘을 발휘하게 만들지만, 의심과 불신은 원하는 것이 나에게서 멀어지는 움직임을 시작합니다. 이것은 확실합니다.

부자가 되기 위해 정신적인 힘을 활용하거나 사용하는 사람 대

부분이 실패하는 것은 바로 이점을 이해하지 못하기 때문입니다. 내가 의심하고 불신하며 원하는 것이 빨리 이뤄지지 않는 데서 오는 두려움에 주의를 기울이는 모든 순간, 오히려 모든 것에서 멀어집니다.

걱정 속에서 보내는 모든 시간에 당신이 원하는 것은 더 멀리 달아납니다.

내 영혼이 믿지 못하는 마음에 자로 잡히는 모든 시간은 살아 움직이는 보이지 않는 무형의 실체가 나에게서 멀어지는 흐름을 설정하기 때문입니다.

여러분, 모든 약속은 믿는 사람에게만, 오직 그들에게만 있습니다.

신념은 모두에게 중요하기 때문에 보호해야 합니다.

신념은 내가 하는 일 전체에 반영되어 매우 큰 영향을 미치기 때문입니다. 따라서 내 생각을 관찰하고 부자가 되기 위한 막강한 힘이 나를 도울 수 있도록 생각하는 데 주의를 집중하십시오.

바로 이때 꼭 필요한 것이 의지입니다. 이 일에는 의지가 사용됩니다. 내 의지에 따라 나 자신의 관심이 고정되기 때문입니다.

여러분, 부자가 되고 싶다면 가난을 공부해서는 안 됩니다.

실체는 그 반대를 생각해서 생겨나는 것이 아닙니다. 그렇게 하면 얻을 수 없습니다.

질병을 연구하고 질병에 대해 생각한다고 해서 건강이 얻어지지 않습니다. 죄를 연구하고 죄에 대해 생각한다고 해서 의술이 발전되지 않습니다.

그와 마찬가지로 가난을 연구하고 가난에 대해 불평하고 가난을 싫어한다고 해서 부자가 된 사람은 없습니다.

가난에 대해 말하지 마십시오. 가난을 연구하지도 마십시오. 가난에 관심을 두지도 마세요. 가난의 원인이 무엇인지는 신경 쓰지 마십시오. 여러분은 가난과 아무 상관이 없습니다.

중요한 것은 가난의 해결책입니다. 자선 활동이나 자선 운동에 시간을 너무 많이 사용하거나 보내지 마세요. 모든 자선 활동은 가난을 근절시키기보다 오히려 영속시킬 뿐입니다.

냉정하고 불친절한 태도로 가난한 사람들의 도움 요청에 외면하라는 뜻이 아닙니다. 기존의 방식으로 가난을 근절하려고 해서는 안 된다는 의미입니다.

가난을 뒤로하고 그것과 관련된 모든 것을 뒤로하고, 다만 이 책에서 말하는 방식으로의 '선'을 이루십시오.

내가 부자가 되는 것, 그것이 가난한 사람들을 도울 수 있는 가장 좋은 방법입니다. 마음을 가난에 대한 생각이나 이미지로 채우면, 나를 부자로 만들어 줄 이미지가 설 자리가 없습니다.

가난한 빈곤층 거주지에 사는 사람들의 불행과 미성년 노동 착취에 대해 정황적으로 자세히 설명하는 책이나 신문을 읽는 것으로 자신의 마음을 우울감으로 채우지 마십시오.

이런 것들을 아는 것만으로는 가난한 사람들을 조금도 도울 수 없습니다. 실제로 당신이 그런 사실과 상황을 이미 잘 알고 있을 수 있습니다.

그래서 무엇이 달라졌습니까? 당신 이외에 많은 사람도 모두 알고 있는 그 상황을 돕기 위해 당신과 그들은 어떤 행동을 했습니까? 아는 것으로는 그들을 도울 수 없습니다.

가난한 사람들에게 필요한 것은 자선이 아니라 영감입니다.

그들의 마음속에 부의 이미지를 심어주는 일이 더 중요하고 시급한 것입니다. 비참한 모습을 머릿속에 떠올리는 것을 거부하는 것은 비참한 상황에 처한 가난한 사람들을 버리는 것이 아닙니다.

가난은 가난을 생각하는, 잘 사는 사람들의 수를 늘리는 것이 아니라 부자가 되기 위해, 부자가 되겠다고 목적하는 사람들의 수를 늘림으로써 근본적 변화를 꾀할 수 있습니다.

가난한 이들에게 빵을 나눠주지 말라는 것이 아닙니다. 허락할 수 있는 상황에서 내가 가진 것을 나눠줄 마땅한 상황이라면 당연히 그렇게 해야 합니다.

그러나 나는 조금 더 궁극적인 것을 말하고 있습니다.

그들에게 빵 한 덩어리를 보내 비참한 생활을 이어가게 하거나 한두 시간 동안 잊을 오락거리를 제공하는 것의 의미 없음을 말하는 것입니다. 부에 대한 영감, 목적성을 전달하는 것이야말로 그들을 진정으로 가난에서 벗어나게 할 수 있습니다.

가난한 사람들을 돕고 싶다면 그들에게 부자가 될 수 있다는 것을 보여주십시오. 자신이 부자가 됨으로써 그것을 증명하십시오.

이 세상에서 가난을 추방할 수 있는 유일한 방법은 이 책의 가르침 속에 들어 있는 부에 대한 확신과 믿음을 실천하는 사람들이 지속적으로 늘어나는 것입니다.

경쟁이 아니라 창조를 통해 부자가 될 수 있도록 배워야 합니다. 이미 있는 것, 나보다 많이 가진 누군가의 것, 이미 있는 것은 내 것이 아닙니다.

완전히 내가 원하는 것들로, 나만을 위해서, 내가 바라는 모양대로 새로 짜인, 나만의 부를 창조해 얻는 것입니다.

경쟁을 통해 부자가 되는 모든 사람은 자신이 올라선 사다리를 불태우고 내 앞에 가는 사람을 끌어내려야 합니다.

그러나 새로운 부, 오직 내가 바라고 믿고 상상하고 생각해 낸 나만의 창조된 부는 다릅니다. 그렇게 부를 이룬 사람들은 수천 명이 자신을 따라갈 수 있는 길을 열어주고 그렇게 할 수 있도록 영감을 줍니다.

가난을 동정하거나, 가난을 보거나, 가난에 대해 읽거나, 가난에 대해 생각하거나, 이야기하지 마십시오.

가난에 대해 이야기하고 불평하고 되뇌고 반복적으로 자신의 현재 가난한 상황에 대해 말하는 사람과 즉시 멀어지십시오.

이들의 말을 듣지 않으려 하고, 이들에게서 멀어지고, 이들을 거부하려는 것은 냉정함, 무심함, 무정함을 나타내는 것이 결코 아닙니다. 가난이라는 문제가 우리 마음속에 설 자리를 갖지 못하게 하기 위함입니다.

의지를 사용해서 가난이라는 주제에서 완전히 마음을 떼어내십시오. 원하는 비전에 대한 믿음과 목적에 마음을 고정하십시오.

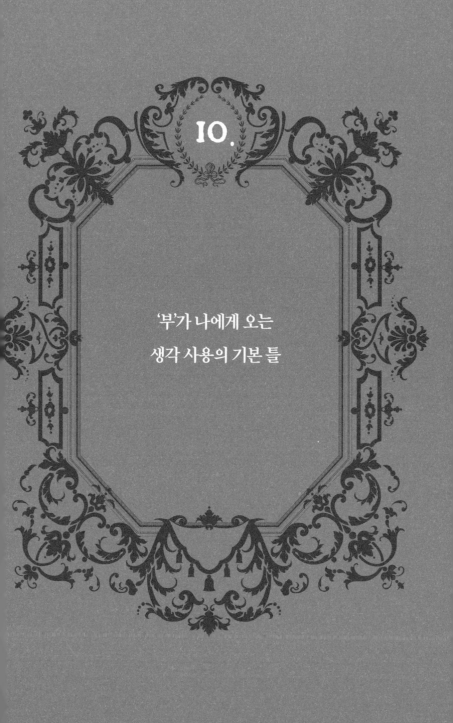

10.

'부'가 나에게 오는
생각 사용의 기본 틀

내가 원하는 것과 반대되는 이미지에 계속 주위를 돌리면 부에 대한 진실하고 명확한 비전을 유지할 수 없습니다.

과거에 가난했던 경험이나 가난한 상황에서 겪었던 뼈아픈 일이 있어도 그것을 떠올리거나 생각하지 마십시오,

부모의 가난이나 어린 시절의 고난에 대해 말하지 마십시오. 이런 행동을 하면, 그 순간 마음속에서 나를 가난한 사람들과 같은 부류로 묶는 것이며 실제로 그 부류에 얽힙니다. 이것은 나를 향하는 사물들의 움직임으로 연관되기 때문입니다.

예수가 "죽은 자가 죽은 자를 묻게 하라."라고 한 것처럼 가난을 비롯해 가난과 관련된 모든 것을 완전히 잊어버리세요.

이제 당신은 보이지 않는 무형의 실체, 우주 전체에 깃든 특별한 능력과 힘을 믿고 받아들이고 있는 상황입니다. 그것에 온통 희망을 걸고 그대로 행동하겠다고 결심하고 있는 상태입니다.

그런데 그것과 반대되는 이론에 귀 기울이거나 생각하는 것으로 무엇을 얻을 수 있습니까?

세상이 곧 종말을 맞을 거라고 말하는 종교 서적을 읽지 말고, 세

상이 악마에게 가고 있어서 물질을 좋아하거나 추구한다고 말하는 비관적인 철학자들의 글을 읽지 마십시오.

세상은 악마에게 가고 있는 것이 아니라 신, 즉 긍정적이며 맑고 평화롭게, 원래 그 자리에 그렇게 존재했던 행복한 신에게 가고 있을 뿐입니다. 이것은 너무나 멋진 일이며 부정성을 갖게 하는 모든 해로운 것들로부터의 자유일 뿐입니다.

내가 많은 것을 소유해 행복하고 다른 사람을 돕고 더 많은 생명을 누릴 수 있는 기회를 만들어 가는 것이 왜 이기적인 탐욕이며 신을 부정하고 나만을 위하는 일이 되겠습니까?

그런 사상은 온전히 신을 이용해 자신들의 이기적인 욕망을 부풀리려는 종교에서 비롯되어 지금껏 만연하게 된 것일 뿐입니다.

그렇습니다. 지금까지 우리는 기존의 수많은 나쁜 상태에 놓여 있었습니다. 하지만 그것들은 확실히 사라지고 있고, 그것들을 연구해봤자 오히려 사라지는 것이 아니라 우리 곁에 오래도록 두는 결과를 초래할 뿐입니다.

왜 그런 것들에 시간과 관심을 기울여야 합니까?

특정 국가나 계층 또는 장소의 상황이 아무리 끔찍해 보일지라도 그것들 자체에 계속 관심을 두고 살피는 것은 시간을 낭비하고 자신의 기회를 망치는 일입니다.

오히려 세계는 올바른 방법으로 부자가 되는 것에 관심을 가져야 합니다. 모두가 올바른 방법으로 부자가 되는 길을 공유하고 확장하고 가르쳐야 합니다. 그리고 내가 그렇게 하면 됩니다.

세상이 빈곤에서 벗어나 부유해지도록 돕는 유일한 방법은 경쟁적인 방법이 아닌 창의적인 방법을 통해 스스로 부자가 되는 것임을 잊지 마십시오.

전적으로 올바른 방법, 이 책에서 알려주는 특정한 방식을 통해 얻게 될 부유해지는 일에만 관심을 쏟으세요.

가난을 생각하거나 그것에 부정성을 갖고 생활하면서 가난한 마음으로 사는 행동을 무시하세요.

가난한 사람들에 대해 생각하거나 말할 때마다 그들이 부자가 되는 것을 떠올리세요.

동정하기보다는 축하해야 할 일이 많아진 사람으로 생각하고 격려하고 응원하고 말하세요. 그러면 그들과 다른 사람들이 영감을 얻고 탈출구를 찾기 시작할 것입니다.

이런 내 주장은 물질과 부에 시간과 마음을 모두 바치라고 하는 것이 결코 아닙니다. 진정한 부자가 된다는 것은 다른 모든 것을 포함합니다. 물질적 소유만을 종용하는 것이 아닙니다.

진정한 부자는 인생에서 가질 수 있는 가장 고귀한 목표입니다. 경쟁적인 차원에서 부자가 되는 것은 다른 사람보다 더 많이 갖는 것, 투쟁해 쟁취하는 것, 더 많은 힘을 갖고 권력을 갖는 것 따위의 죽어있는 부가 아닙니다.

창의적인 부에 대한 바람은 신과 자연의 섭리, 더 나아가 우주 전체의 평화로운 질서에 기반하고 있는 부를 이루는 방식입니다.

위대함과 영혼을 펼치는 길이며 봉사와 나눔, 사회 운동, 돌봄 같은 고상한 노력은 모두 부자가 됨으로써 가능해집니다. 모든 것은 사물들과 물건들의 사용을 통해서 가능해집니다.

신체적으로 건강하지 않다면 부자인가, 부자가 아닌가에 따라 건강을 얻을 수도 있고 그렇지 못할 수도 있습니다. 경제적인 걱정에서 해방되고 걱정 없이 생활하고 위생적인 생활을 유지할 만한 재원이 있는 사람들은 건강을 유지하며 생활을 즐길 수 있습니다.

도덕적이고 영적인 위대함은 나라는 존재를 지킬 수 있는 사람에게만 가능하며 창조적으로 부를 만들어 가는 사람만이 경쟁의 타락한 영향에서 자유로울 수 있습니다.

만약 당신이 가정의 행복에 마음을 기울이고 있다면 주재료인 사랑이 필수입니다. 그 사랑은 어디서 생겨날까요?

사랑은 진보적인 사고방식과 수준 높은 사고력, 부정한 영향에서 벗어나 있는 곳에서 무성하게 피어납니다. 그리고 이것들은 경쟁적 사고가 아닌 창조적인 힘, 모든 것을 새롭게 나 자신이 그려놓은 부에 대한 올바른 사고를 통해 달성되었을 때만 얻을 수 있습니다.

거듭 말하지만, 부자가 되려는 것만큼 위대하고 고귀한 목표는 없습니다. 우리는 나의 이런 비전을 흐리고 무마시키며 조롱하고 비웃는 모든 것, 모든 사람, 분위기를 즉시 배제할 수 있을 만큼 내 주의력에 집중해야 합니다.

우리는 모든 것에서 근본적인 진리를 보는 법을 배워야 합니다. 다시 말해 겉으로 나빠 보이는 모든 상황 바로 아래는 완전한 행복을 향해 전진하는 위대한 하나의 힘과 생명이 있다는 것을 말입니다.

가난은 존재하지 않습니다. 오히려 오직 부만 존재한다는 것이 진리입니다.

사람들은 자신에게 이런 부가 있다는 사실을 알지 못하기 때문에 아직 가난에 머무는 것일 뿐입니다. 그들은 가난을 벗어날 길이 있는 것 같다고 느끼면서도 그 길을 찾고 실제 행동하는 데 필요한 정신적 노력에는 나태하기 때문에 가난을 유지합니다.

그냥 벗어 버리면 될 가난을 짐짝처럼 계속 어깨에 메고 사는 형국인 것입니다.

이들에게 당신이 할 수 있는 최선의 방법은 올바른 부자가 됐을 때 오는 행복을 보여주는 것입니다. 그럼으로써 그들의 부에 대한 욕구를 불러일으키는 것입니다.

어떤 사람들은 부를 만드는 과학에 대해 어느 정도 개념을 갖고 있으면서 형이상학적이고 초자연적인 이론에 빠져 길을 잃은 나머지 갈팡질팡하다 가난해지기도 합니다.

어느 것을 선택해야 할지 몰라서 아예 아무것도 하지 않거나 어느 것에도 집중하지 못해 가난한 채로 머무는 것입니다.

또 누구는 여러 가지 방법을 한꺼번에 시도하려다 모두 실패합니다. 이들에게도 역시 최선의 방법은 나 자신이 직접 실천을 통해 올바른 길을 보여주는 것입니다. 1온스의 실천은 1파운드의 이론보다 가치 있습니다.

전 세계를 위해 할 수 있는 가장 좋은 일은 자신을 최대한 활용하는 것입니다. 부자가 되는 것보다 더 효과적이고 효율적인 방법으로 신과 인류에게 봉사할 방법은 없습니다.

단, 경쟁적인 방법이 아닌 창조적인 방법으로 부자가 된다면 말입니다.

또 한 가지, 이 책은 부자가 되는 과학의 원리를 자세히 설명하고, 주장하고 있습니다. 이것이 사실이라면 그 주제에 관한 다른 생각이나 이론, 별다른 책을 필요 이상으로 더 읽고 탐독할 필요가 없습니다.

약간은 편협하고 이기적으로 들릴 수 있지만, 수학에서 더하기, 빼기, 곱하기, 나누기보다 더 과학적인 계산 방법은 없으며 다른 방법은 불가능하기에 이렇게 말하는 것입니다.

두 점 사이의 최단 거리는 오직 하나만 있을 수 있습니다. 과학적으로 사고하는 방법은 단 하나, 목표에 가장 직접적이고 단순한 길을 따라 목표에 도달하는 방식으로 사고하는 것입니다.

부를 이루는 과학적인 이 방법보다 더 간결하거나, 덜 복잡한 시스템을 발견해 공식화한 가설은 아직 이 세상에 나타나지 않았습니다. 반면, 불필요한 많은 가르침과 이런저런 제안이 모두 제거된 하나의 확실한 방법이 여기 있습니다.

그러니 부자가 되겠다고 결심했다면 그저 모든 것을 완전히 마음에서 제거하고 오롯이 이 방법을 먼저 실천하기 바랍니다.

이 책을 매일 읽고, 어디든 갖고 다니며, 기억에 완전히 새겨질 때까지 다른 방법이나 이론에 대해 생각하지 마세요. 그렇게 하면 의심이 생기기 시작하고 생각이 불확실해지고 흔들리기 시작하며 실패하게 될 것입니다. 이전으로 돌아가 그 상태 그대로 머물며 살게 될 것입니다. 몇 해가 지나도 부, 경제적 자유, 영혼의 평온함은 아직 멀 뿐입니다.

돈을 벌고 부자가 된 다음에는 다른 방법이나 이론, 가설이나 주장들을 얼마든지 더 알아보고 공부할 수 있습니다. 그러나 확실히 부를 얻을 때까지는 앞서 서문에서 언급한 몇몇 인물 외의 책이나 주장은 어떤 내용도, 단 한 줄이라도 읽지 마시기 바랍니다.

이미 전 세계에 나온 이 방법을 통해 자신이 얻고 싶은 삶과 부, 행복을 얻었다는 가장 낙관적인, 자신 안에서 솟아 나온 열정과 결심을 써 놓은 것들만 읽으세요.

신비와 신비로움 힘에 대한 조사나 연구도 잠시 접어두십시오. 취미로라도 신지학(神智學)이나 심령술, 그와 유사한 다른 어떤 것들도 들여다보지 마세요.

죽은 자들이 우리 곁에 머물고 있거나 그들의 힘을 자기 자손이나 사랑하는 사람에게 쓸 수도 있겠지만, 만약 그렇다고 해도 그건 그들의 일일 뿐, 우리는 자기 일에나 신경 씁시다.

죽은 자의 영혼이 어디에 있든 그들에게는 그들만의 할 일과 해결해야 할 문제가 있을 것이며, 우리는 그들을 간섭할 필요도 없고 그럴 권리도 없습니다. 우리는 그들을 도울 수 없으며 그들이 우리를 도울 수 있는지, 또는 그들이 할 수 있다면 우리가 그들의 시간을 침범할 권리가 있는지 알 수 없습니다.

죽은 자와 내세는 내버려 두고 나 자신의 문제를 해결하고 부자가 되십시오. 초자연적인 분야에 관심을 두고 정신적 교류를 만들기 시작하면 반드시 희망이 아니라 죽은 자들의 과거에 얽매이기 시작해 현재 나의 현실을 망칠 것입니다.

이 장과 이전 장에서 말했던 내용을 다시 한 번 정리해 봅니다.

- 만물이 만들어지고, 원래의 상태로 우주의 공간에 스며들며 관통하고 채워지는 생각하는 무형의 물질이 있습니다.

- 이 물질은 지금 내가 생각하는 것을 형상화하고 만들어 내기 시작합니다.

- 인간은 생각으로 사물을 만들어 낼 수 있으며 이 형태 없는 우주 근원적 힘에 자기 생각을 떠올리는 것으로 전달합니다. 이렇게 인간은 자신이 생각하는 것을 만들어 낼 수 있게 됩니다.

- 이것을 나에게 곧장, 더 빠르고, 확실하고, 현실에 도착하게 하기 위해서는 경쟁적인 마음이 아니라 창조적인 마음이 필요합니다. 즉 스스로 완전히 새롭게 만들어 창조해 낸 바람과 원하는 것과 상황을 만들어 내는 마음으로 넘어가야 합니다.

- 자신이 원하는 것을 명확하게 마음속에 그려 놓고 원하는 그것을 얻겠다는 확고한 목적의식과 신념으로 그것을 바라야 합니다.

- 이렇게 눈에 보이지 않는 무형의 실제적 형태에서 자신이 원하는 것을 떠올리는 동시에 그것이 일직선으로 나에게 올 수 있는 길, 즉 반대편 통로에서 함께 길을 만들어 주는 것과 같은 논리로 그것을 받을 행위를 반드시 취하고 있어야 합니다.

• 아무 행동도 하지 않고, 그것을 받을 일치된 행위로 주파수를 맞춰 놓지 않으면 그 모든 매일의 기도와 생생한 생각들은 가장 빠른 노선이 아닌 일반적이거나 느린 속도로 내게로 오게 됩니다.

그러다 당신이 생각을 멈추고 그것이 내게 오고 있다는 사실을 망각하거나 믿지 않게 되는 날, 그 모든 것도 그 자리에 멈춰 나에게 올 길을 잃고 맙니다.

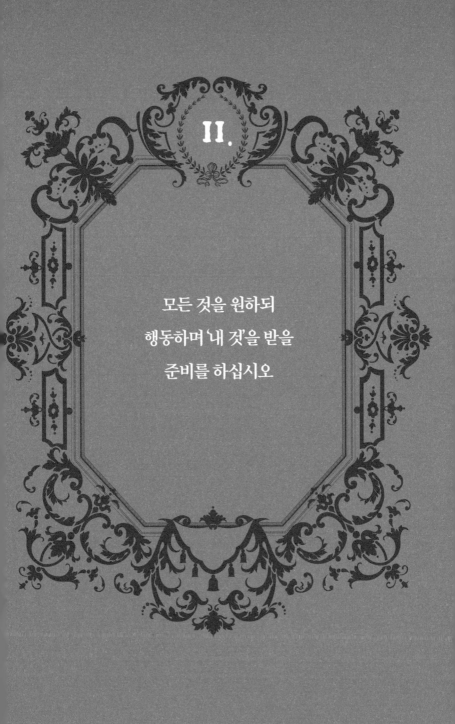

II.

모든 것을 원하되
행동하며 '내 것'을 받을
준비를 하십시오

생각은 창조적인 힘을 일으키는 원동력입니다.

하지만 내 행동에 관심을 기울이지 않고 생각에만 의존해서는 안 됩니다. 이것이 바로 많은 과학적 형이상학 사상가들이 난관에 부딪히고, 제자들에게 배척당하며, 대중의 신뢰를 얻지 못하는 그릇된 가르침입니다. 즉, 생각과 개인적인 행동을 연결하지 못한 것입니다.

인간의 힘을 빌리지 않고 무형의 실체로부터 직접 창조할 수 있는 단계가 가능하다고 믿을지라도, 우리는 아직 그 단계에는 이르지 않았습니다.

생각으로는 깊은 산 속 광산에 묻힌 금을 우리에게 오게 할 수 있겠지만 그 금이 저절로 광산에서 나올 수는 없습니다. 그 금들이 스스로 다듬어지고 저절로 금화로 만들어져 도로에서 굴러 나와 내 주머니까지 들어오지는 않습니다.

믿음과 신념, 추진력에 의해 누군가가 금을 캘 것이고 또 누군가는 거래를 통해 당신에게 금을 가져다줄 것입니다. 따라서 그 금이 나에게 올 그때 그것을 받을 수 있도록 나 자신의 사업이나 생활에서 일을 거기에 맞춰 준비하고 있어야 합니다.

당신은 생각으로, 당신이 원하는 것이 당신에게 도달되도록 생물과 무생물 할 것 없이 모든 사물이 나를 향해 움직이도록 만들 것입니다. 이제 당신은 행동으로 원하는 것이 왔을 때 그것을 정당하고 올바르게 받을 수 있어야 합니다.

그것을 자선 물품으로 받아서도 안 되며 훔쳐서도 안 됩니다. 오히려 나에게 올 그 무엇을 들고 내 앞에 나타난 사람에게 현금 가치보다 더 많은 가치로 돌려줄 수 있어야 합니다.

생각을 과학적으로 사용한다는 것은 마음속에 원하는 것을 명확하고 뚜렷하게 정신에 이미지로 형상화하는 것입니다.

그러니 신비롭거나 불가사의한 방식을 동원하여 내 생각을 표현하려고 들지 마십시오. 그것은 노력을 낭비하는 일이며, 정신적으로 사고하는 힘을 약화시킵니다.

부자가 되는 데 있어 생각의 작용은 앞 장에서 충분히 설명했습니다. 당신의 믿음과 목적은 나 자신의 생명과 동일한 다른 더 많은 생명의 번영과 열망을 품은 보이지 않는 무형의 실체에게 더 긍정적으로 각인됩니다.

그러면 비전은 일상의 이동 경로를 통해, 나를 향해 모든 창조적인 힘이 작용되도록 설정됩니다.

창조적인 과정을 인도하거나 감독하는 것은 나의 역할이 아닙니다. 그것을 할 필요가 없습니다. 그것은 저절로, 언제나 그렇게 일어나 왔으며 앞으로도 그렇게 있을 무한한 프로그램이기 때문입니다.

다만 내가 할 일은 비전을 유지하고, 목적에 충실하며, 믿음과 감사하는 마음을 유지하는 것입니다. 여기에 행동을 더하는 특정 방식이 반드시 포함돼야 한다고 재차 강조하고 싶습니다.

이렇게 행동했을 때라야 그것이 내게 왔을 때 내가 그 모든 것을 가질 수 있고, 형상화한 모든 것을 만날 수 있으며, 그것들이 도착하는 대로 그 자리에 맞는 적절한 장소에 놓을 수 있습니다.

여러분은 이것의 진실을 실제로 볼 수 있습니다. 내가 생각하고 바라고 목적하고 요구했던 어떤 것이든, 그것이 나에게 가까이 다가와 도착하려고 할 때는 그것들이 다른 사람의 소유에 있는 상태일 것입니다.

그들은 당신에게 그것들을 전달해 주기 위해 당당히 그만큼의 가치를 달라고 요구할 것입니다. 상대방은 그것과 상응하는 무언가를 요구합니다.

이때 당신은 그에게 주어야 합니다. 그래야 당신의 것을 당신 자신의 소유로 얻을 수 있습니다. 지갑은 내가 스스로 노력하지 않아도 항상 돈으로 가득한 요술램프 같은 것이 아닙니다.

이것은 부자학을 다루는 이 책에서 아주 중요한 사항입니다.

의식적이든 무의식적이든 힘과 끈기로 창조적인 힘을 믿고 꿈꾸고 간절히 바라며 그 힘이 움직이도록 만들기만 하는 것은 부의 전체가 아닌, 부의 반쪽에 해당하는 열쇠만을 갖고 문을 열려는 것과 같습니다. 원하는 것이 올 때 그것을 받아들일 준비가 나머지 그 반쪽인 것입니다.

문은 어떤 형태로든 온전한 열쇠로만 열립니다. 이 두 가지 행동 모두가 일치되지 않아 계속 가난한 상태로 머무는 사람들이 너무나 많습니다.

생각으로는 원하는 것이 나에게 오지만, 오직 행동을 통해서 그것을 받을 수 있습니다.

무엇을 하려 하든 지금 행동해야 합니다. 과거 속에서 행동할 수는 없습니다. 과거를 마음에서 지워버리는 것, 그것이 이미 지나갔고 현실에 존재하지 않으며 내 마음속에만 남아 있는 시간일 뿐, 이미 사라졌다는 것을 깨닫는 지혜가 필요합니다.

과거는 실체하지 않는다는 사실을 인지하는 것은 지금 내가 바라는 비전을 명확하게 하는 데 필수적입니다.

미래는 아직 오지 않았기에 미래에서 행동할 수도 없습니다. 미래는 너무 많은 예상 밖의 우발적인 상황들과 사람들의 결정으로 변화무쌍하게 달라지기 때문에, 우리는 미래를 마주하기 전까지는 그 상황에서 내가 어떻게 행동하고 싶은가를 알 수 없습니다.

지금 적절한 사업이나 환경에 있지 않다고 해서 적절한 사업이나 환경에 들어갈 때까지 조치를 미뤄야 한다고 생각하지 마세요. 그리고 미래에 발생할 수 있는 비상사태에 대비한 최선의 조치를 생각하느라 현재를 낭비하지 마세요.

다만, 비상사태가 닥쳤을 때 대처할 수 있다는 믿음만 가지면 됩니다.

미래를 염두에 두고 행동만 현재에서 한다면, 현재의 행동은 마음과 분리될 것이고 따라서 효과적이지 않습니다. 현재의 행동에만 온 마음을 집중하세요. 그것만이 선(善)입니다.

창의적인 추진력을 무형의 실체하는 힘에 전달하는 것으로만 가만히 앉아 결과를 기다리지 마세요. 그렇게 하면 결코 결과를 얻을 수 없습니다. 생각을 전달해 이미 만들어진 당신의 것이, 나에게까지 도착하지 못하고 멈춰 있도록 만드는 일입니다.

지금 말고 시간은 존재하지 않습니다. 지금 말고는 앞으로도 시간은 존재하지 않습니다.

내가 원한 것을 받을 수 있고, 그것이 도착했을 때 상대가 요구하는 것을 내어 줄 수 있으려면 바람과 동일한 체계에서 행동하는 오늘이 필요합니다.

원하는 것을 받기 위해 준비를 시작하는 시간도 지금입니다. 그것을 얻기 위한 행동을 하는 바로 그 시간이 지금입니다.

그 행동이 무엇이든 현재 사업이나 직장에서 이뤄져야 합니다. 현재 환경에 있는 사물과 사람과 관련된 하나의 행동을 하는 것입니다.

지금, 내가 있지 않은 곳에서 행동할 수 없습니다. 내가 과거에 있었던 곳에서는 행동할 수가 없습니다. 앞으로 있게 될 곳에서 행동할 수 없습니다.

오직 지금 내가 있는 곳에서만 행동할 수 있습니다.

어제의 일이 잘되었는지, 잘못되었는지에 신경 쓰지 마세요.

그냥 오늘의 일을 잘 수행하세요.

내일 할 일을 지금 하려고 하지 마세요. 내일 할 일에 쓸 시간은 내일이면 충분해집니다.

신비주의적이거나 신비로운 방법으로 닿지 않는 사람이나 사물에 영향을 미치려는 의도로 행동하거나 시도하지 마세요.

행동하기 전에 환경의 변화를 기다리지 마세요.

환경은 오직 행동으로 변화시키세요.

공상이나 공상의 성을 쌓는 데 시간을 낭비하지 마세요.

원하는 것에 대한 하나의 명확한 비전을 붙잡으세요.

그리고 그것을 위해 지금 할 수 있는 그 행동을 하세요.

부자가 되기 위한 첫걸음으로 어떤 새로운 일이나 이상하고 특이하고 놀라운 행동을 찾을 것 없습니다. 적어도 앞으로 얼마 동안은 내가 하는 행동이 과거에 해왔던 행동일 가능성이 클 수 있습니다.

하지만 지금부터 확실한 방법으로 행동하기 시작하면 과거로부터 이어져 온 해야 할 행동들이 점차 줄어들 날이 옵니다. 이렇게 나의 목적과 목표에 근거해, 하고자 하는 행동들로만 가득 차 있는 하루를 만들 수 있게 될 겁니다.

종사하고 있는 사업이 진정한 의미의 부자가 되는 힘을 사용하기 어려운 직종이라면, 자신에게 적합하지 않다고 생각되면, 올바른 사업에 뛰어들 수 있는 날이 올 때까지 기다리지 마세요. 지금 당장 그 사업이나 직종에서 벗어날 수 있는 행동을 취하세요.

낙담하거나 주저앉아 한탄하지 마세요. 지금부터 벗어날 행동을 시작하면 벗어나 있을 날이 옵니다.

길을 잘 못 들어섰다고 슬퍼하고 있지 마세요. 아무도 옳은 길을 찾을 수 없을 만큼 잘못된 길에 가 있는 경우는 없습니다. 아무도 다시 올바른 사업에 뛰어들 수 없을 만큼 잘못된 사업에 빠져 있는 경우는 없습니다.

올바른 사업으로 진정한 부자가 될 수 있다는 비전을 가지십시오. 그 사업을 하겠다는 목적과 그 사업을 시작할 수 있다는 믿음을 가지세요.

그리고 그 사업을 시작하고 있다는 믿음으로 현재의 사업에서 행동하세요. 현재 사업을 더 나은 사업으로 가기 위한 사업 수단으로 활용하세요.

현재 환경을 더 나은 사업을 위한 수단으로 사용하세요.

올바른 사업에 대한 나의 비전이 믿음과 목적을 가지고 있다면, 보이지 않는 힘의 최상위자가 올바른 사업을 향해 나를 움직이게 할 것입니다. 나의 행동이 확실한 방식으로 수행된다면 당신은 그 사업을 향해 움직이게 될 것입니다.

직장인 또는 근로자로서 원하는 것을 얻기 위해 직장을 옮겨야 한다고 생각한다면 다른 직장을 구하기 위해 생각으로 이미지로 만들어 놓고 그것에만 의존해서는 안 됩니다. 이런 식으로는 결코 원하는 것을 얻지 못합니다.

　원하는 직업에 대한 비전을 품었다면, 현재 맡은 일속에서 믿음과 목적을 유지한 채 해야 할 모든 일에 충실해야 합니다. 그랬을 때 반드시 원하는 직업을, 직장을 얻게 될 것입니다.

　나의 비전과 믿음이 창조적인 실체의 힘을 움직여 나를 향해 오도록 합니다. 나의 행동은 나를 둘러싼 환경의 힘으로부터 내가 원하는 곳으로 움직이게 합니다. 이 장을 마무리하면서 한 번 더 강조합니다.

만물이 만들어지고 원래의 상태로 우주의 공간에 스며들고 관통하고 채워지는 생각하는 무형의 실체 물질이 있습니다. 이 물질에서 생각은 생각에 의해 이미지화된 것을 만들기 시작합니다.

인간은 생각하는 사물을 이런 식으로 만들어 낼 수 있습니다. 형태가 없는 이 무한한 힘의 물질에 내 생각을 각인시킴으로써 내가 생각하는 것을 만들어 낼 수 있습니다.

이것을 위해 사람은 경쟁적인 마음에서 창조적인 마음으로 넘어가야 합니다. 자신이 원하는 것에 대한 명확한 정신적 그림을 그리세요.

원하는 것을 얻겠다는 확고한 목적을 유지하세요.

원하는 것을 얻을 수 있다는 확고한 믿음을 내 것으로 만드세요.

이 형상들을 머릿속에 담으세요.

목적을 흔들거나 비전을 흐리게 하는 것들에서 멀어지세요. 믿음을 깨뜨리는 모든 이론과 설득과 부정성에 마음을 닫아야 합니다.

그리고 마땅히 행동을 더 하십시오.

가만히 앉아 있는 공상가가 되지 마십시오. 내 생각으로, 생각하는 물체에 전달된, 내가 원하는 그 모든 것이 만들어지고 있습니다.

그것이 나에게 다가왔을 때는 상대의 손에 들려 있습니다. 내가 가진 그 어떤 가치든 그가 요구하는 것을 내어주고 내가 우주에 바란 '내 것'을 받으십시오.

그러려면 신념과 믿음으로 가득 찬 마음을 가진 채 그것을 받을 수 있을 만한 행동에 전념하는 오늘을 보내십시오.

자기 마음 앞에 문지기를 세우십시오.

때가 되면 원하는 것을 받습니다. 그러려면 현재 환경에서 지금 행동해야 합니다.

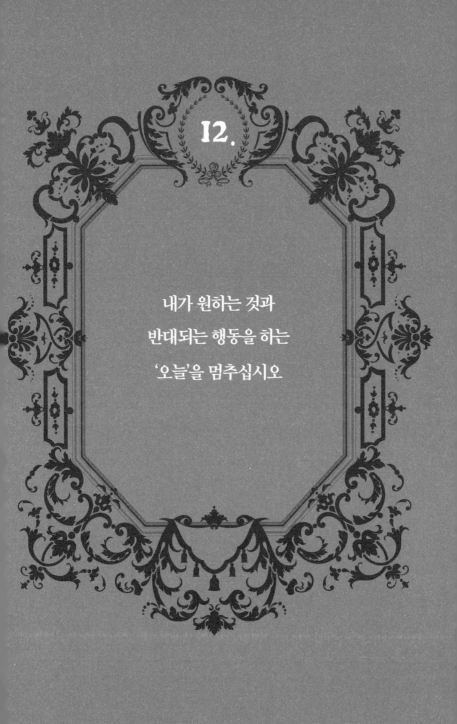

12.

내가 원하는 것과
반대되는 행동을 하는
'오늘'을 멈추십시오

앞서 제시한 대로 생각을 사용하고, 현재 내가 있는 곳에서 할 수 있는 모든 일을 해야 합니다.

현재 위치에서 내가 더 올라서고 지위가 커져야만 전진할 수 있는 것이 아닙니다. 현재를 뛰어넘어 더 많은 지위를 얻은 사람 중에 누구도 주어진 일을 모두 끝마치지 않고 떠나는 사람은 없습니다.

세상은 현재의 자리를 채우는 것 이상으로 노력하는 사람들에 의해서만 발전합니다. 현재 자신의 자리를 완전히 충족시키고 채우는 사람이 없다면 모든 것이 퇴보할 것입니다. 그 자리에 그대로 머무는 것조차 되지 않습니다. 뒤로 밀려나 버리지요.

현재의 자리를 완전히 채우지 못하는 사람들은 사회와 정부, 상업 세계와 산업 전체에 무거운 짐을 지우는 것과 같습니다. 다른 사람들이 그 사람을 대신해 자리를 채우거나 막대한 대가를 치르면서 이끌고 가게 됩니다.

세상의 발전은 자신이 맡은 자리에 책임을 다하지 못하는 사람들에 의해서 지체됩니다. 그들은 이전 시대와 낮은 차원의 단계, 또는 삶의 무능력한 차원에 속하며 스스로 퇴보하는 경향을 보입니다.

모든 사람이 자신의 그릇보다 모자란 행동을 한다면 사회가 발전되지 않을 것입니다. 사회적인 진화는 인간의 육체적, 정신적 추진력의 행동 법칙들이 모여 만들어지기 때문입니다.

어떤 유기체가 현 단계의 기능으로 표현되는 것보다 오래 존재하게 될 때 그 유기체는 더 높은 수준의 기관을 발달시킵니다. 그 결과 새로운 종이 자연에 생겨납니다.

현 단계의 기능으로 표현할 수 있는 것 이상을 표현하는 유기체가 없었다면, 결코 새로운 종이 탄생하지 못했을 것입니다. 이 법칙은 나 자신에게도 똑같이 적용됩니다.

내가 부자가 되는 것은 이 원칙을 자신의 일에 적용하는 데 달려 있습니다.

하루하루는 성공한 날이거나 실패한 날 둘 중 하나입니다.

원하는 것을 얻은 하루는 성공한 날입니다. 성공하는 날이 매일 매일이면 결코 부자가 되지 않을 수 없습니다. 하루하루가 성공이라면 반드시 부자가 될 것이며 원하는 그 일이, 그것이 이뤄지게 될 것입니다.

하려던 것을 이루지 못한 하루는 실패입니다. 실패하는 날이 하루하루가 쌓이면 결코 부자가 될 수 없습니다. 원하는 것은 결코 내 인생에 도달하지 않을 것입니다.

오늘 할 수 있는데 하지 않았다면 그것은 실패입니다. 그 결과는 삶 전체로 봤을 때 상상하는 것보다 더 큰 재앙일 수 있습니다.

나 자신의 이해로는 아주 사소한 행동의 결과조차 예측할 수 없습니다. 세상은 나 하나의 결정만으로 이뤄지는 것이 아니라, 내가 내린 결정과 그것에 연관된 사람과 현상들이 서로 영향을 주고받으며 결과로 이어지는 것이기 때문입니다.

인간은 나를 대신해 움직이도록 설정된 모든 힘의 작용을 알지 못합니다. 아주 사소한 행동에 많은 것이 달려 있을 수도 있고 바로 그 행동이 아주 큰 가능성에 기회의 문을 여는 것일 수도 있습니다.

우리는 지성이 사물과 인간의 세계에서 나 자신을 위해 만들어 놓거나 만들고 있는 모든 조합을 결코 알 수 없습니다.

그러니 매일 그날 할 수 있는 모든 일을 하십시오. 그저 내일로

미루는 것이 추천할 만한 행동이 아니어서가 아닙니다.

그날 해야 할 마땅한 일을 하는 것, 그 이면에 내가 알지 못하는 축복과 이유가 어떻게 연결되어 있는지 우리는 모두 알 수 없기 때문입니다. 그저 묵묵히 지켜보며 그것을 받을 행위로써 하루를 충실하게 보내십시오.

그러나 이 내용에는 반드시 고려해야 할 제한 사항 즉, 자격 요건이 있습니다. 가능한 한 짧은 시간에 최대한 많은 일을 처리하기 위해 과로하거나 맹목적으로 업무에 몰두하지 않는 것이 그 필요 사항입니다.

내일 할 일을 오늘 하려고 하거나 일주일 치 일을 하루 만에 끝내려고 해서는 안 됩니다. 중요한 것은 실제로 수행하는 작업의 수가 아니라 각각 개별적인 작업의 효율성이기 때문입니다.

모든 행위는 그 자체로 성공 또는 실패입니다.

모든 행위는 그 자체로 효과적이거나 비효율적입니다.

모든 비효율적인 행동은 실패입니다.

비효율적인 행동에 평생을 보내면 인생 전체가 실패할 것입니다. 모든 행동이 비효율적인 행동이라면 더 많은 일을 할수록 더 나쁠 수 있습니다.

모든 효율적인 행동은 그 자체로 성공입니다.

인생의 모든 행동이 효율적인 행동이라면 인생 전체가 성공입니다.

실패의 원인은 비효율적인 방식으로 너무 많은 행동을 하고 너무 많은 일을 하기 때문입니다. 효율적인 방식으로 충분히 행동하지 않았기 때문입니다.

비효율적인 행동을 줄이면 부자가 될 수 있습니다. 효율적인 행동을 충분히 많이 하면 반드시 부자가 됩니다.

각 행위를 효율적인 행위로 만들 수 있다면 부를 얻는 것은 수학처럼 정확한 과학으로 환원돼 나에게 돌아온다는 것을 다시 한 번 깨달을 수 있습니다.

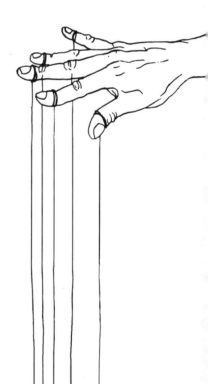

그렇다면 여기서 하나의 질문이 생길 수 있습니다.

'어떻게 행동 하나하나마다 효율적일 수 있는가?'

어떻게 각각의 개별 행위 자체가 성공을 이끌 수 있는가 하는 것이지요.

여러분. 우리는 확실히 알 수 있습니다. 세상에는 보이지 않는 무한한 힘을 가진 무형의 실체가 존재하기 때문입니다. 그 무한한 힘은 나의 진실한 각각의 행위에 커다란 힘을 함께 보탭니다.

지금 존재하는 모든 것을 만들고 자신이 원하는 것을 바라고 원하고 행동하여 이룩된 지금 현실 세계의 모든 것을 보십시오. 그것들이 존재할 수 있게 된 바로 그 힘은 실패하지 않습니다.

그러니 나 자신은 각각의 행동을 할 때 효율적으로, 즉 실제로 행동하는 힘을 실어주기만 하면 됩니다.

모든 행동은 의식적으로 강하거나 약합니다. 모든 행동이 의식적으로 강할 때, 나는 나 자신을 부자로 만드는 확실한 방식으로 행동하고 있는 것입니다.

모든 행동은 그 행동을 하는 동안 비전을 품고 믿음과 목적의 모든 힘을 쏟음으로써 강력하고 효율적으로 이뤄질 수 있습니다.

바로 이 지점에서 정신적인 힘과 육체적인 행동을 별개로 하는 사람들이 실패합니다. 그들은 한 장소에서 한 번에 정신의 힘을 강하게 사용합니다.

그리고는 다른 곳에서 약한 믿음의 힘을, 비전과 관계없거나 반대되는 생각, 원하는 것을 오히려 멀리 밀려나게 하거나 아예 오지 않게까지 만들 수 있는 행동을 합니다. 부자가 되겠다고 하면서 부자가 되는 것과 전혀 관계없는 하루를 보내는 것 같은 행위를 하는 것입니다.

따라서 그들의 행동은 그 자체로 성공적이지 않습니다. 오히려 너무 많은 행동이 비효율적입니다.

그러나 모든 힘이 지금 하는 효율적인 모든 행동에 투입된다면 아무리 평범한 행동이라도 모든 행동은 그 자체로 성공이 될 것입니다. 모든 성공이 다른 성공으로 가는 길을 열어주는 본질이기 때문입니다.

그 결과 내가 원하는 것을 향한 나 자신의 발전과 내가 원하는 것이 나를 향해 나아가는 힘은 점점 더 빨라질 것입니다.

성공적인 행동은 그 결과가 누적된다는 것을 분명히 기억하십시오. 더 많은 삶, 즉 파생된 각기 다른 성격의 삶에 대한 욕망은 모든 생명과 사물에 내재해 있습니다.

더 큰 삶, 더 많은 다양한 삶의 모습을 향해 나아가기 시작하면 더 많은 것들이 그에게 다가오고 따라붙으며, 그가 가진 욕망의 영향력이 배가 될 것입니다.

여기서 사소하거나 평범한 각각의 행동을 하는 동안 목표와 비전을 붙잡아야 한다는 것은 작은 세부 사항까지 명확하게 볼 필요를 말하는 것이 아닙니다.

여가 시간에 상상력을 발휘해 세부 사항에 대해 생각의 크기를 한번 크게 키우는 형식이 좋습니다. 이를테면 비전을 떠올리고 기억에 확고하게 자리 잡을 때까지 묵상하는 방식입니다.

더 빨리 내가 원하는 것들이 이뤄지게 만들고 싶다면, 거의 모든 여가 시간을 이 연습을 하시는 데 투자하십시오.

시간이 허락될 때나 여가 시간을 사용해 계속 묵상하고, 작은 세부 사항까지 원하는 것에 대한 형상이 마음에 확고하게 고정되도록 만드십시오.

보이지 않는 실체하는 힘, 무형의 실체에 내 마음이 온전히 전달되도록 하십시오.

그리고 각기 다른 하루의 행위 속에서 그 바람이 내면에 깃든 채 해야 할 일에 매진하는 최선의 노력을 기울이십시오.

의식이 내가 원하는 그 형상의 이미지로 가득 차서 언제든 곧장 떠올릴 수 있도록 묵상하는 습관을 들이십시오. 그 자체로 존재의 가장 강한 에너지를 불러일으킬 것입니다.

지금까지 이번 장에서 다룬 내용을 다시 한 번 정리해 봅시다.

만물이 만들어지는 생각의 물질이 있습니다. 이 물질은 원래의 상태에서 우주 공간에 스며들고 침투해 내 생각으로 원하는 것을 만들어 냅니다.

이 물질에서 생각은 생각으로 만들어 낸 이미지를 실재하도록 생성합니다.

인간은 생각으로 사물을 만들어 낼 수 있습니다. 형태가 없는 무한한 힘을 가진 무형의 물체에 내 생각을 각인시킴으로써 내가 생각하는 것을 만들어 낼 수 있습니다.

이것을 위해 인간은 경쟁적 사고에서 창조적 사고로 넘어가야 합니다. 내가 원하는 것에 대한 명확한 정신적 이미지를 형상화해야 합니다.

이것이 실재하고 반드시 이뤄지는 진리와 같은 것이라는 신뢰와 믿음을 가져야 합니다.

그리고 매일 할 수 있는 모든 일을 이것을 온전히 받을 준비가 된 사람으로서의 행위 즉, 효율적인 방식으로 매 순간 최선을 다해 각각의 일을 수행해야 합니다.

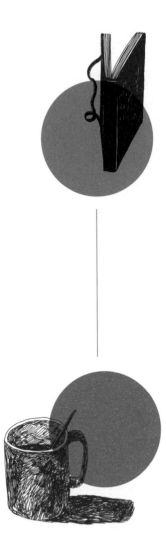

13.

재능은 매우 좋은
성공 요인입니다.
그러나 필수는 아닙니다

어떤 사업이든 그 사업이 필요로 하는 역량을 잘 갖췄는가에 성공의 여부가 달려 있습니다.

음악적 재능 없이는 음악가로 큰 성공을 거둘 수 없듯, 협상과 설득을 포함해 일을 다루는 재치와 상업적 재능 없이는 사업에서 큰 이윤을 남길 수 없습니다.

그러나 어떤 직업에 꼭 맞는 능력을 갖췄다고 해서 부자가 되는 것은 아니지요. 뛰어난 재능을 가졌지만, 여전히 가난한 예술가가 있고 좋은 기술을 가진 목수나 대장장이 장인도 가난한 경우가 많습니다.

뛰어난 능력이나 기술이 있지만 부자가 되지 못하는 사람, 부자가 되지 않은 사람, 거래 능력이 뛰어난 상인이면서도 부자가 되지 못한 사람도 많습니다.

사실 어떤 능력이든 그것은 도구입니다. 좋은 도구를 갖추는 것은 중요합니다. 도구를 올바른 방법으로 사용하는 것도 중요합니다.

누군가는 날카로운 톱, 정, 좋은 대패로 멋진 가구를 만들 수 있습니다. 하지만 그것을 따라 하려는 어떤 이는 같은 도구로 똑같은 가구를 복제하기 위해 일을 시작하지만, 어디에도 내놓지 못할 졸작을 만듭니다. 그 이유는 좋은 도구를 성공적으로 사용하는 방법을 모르기 때문입니다.

마찬가지입니다. 마음의 다양한 능력은 부자가 되기 위해 필요한 일을 하는 도구입니다. 정신적으로 잘 정돈되고 지혜로운 생각들을 잘 할 수 있는 사람이 사업에서 성공하기 더 쉬울 것입니다.

내가 가진 재능이 잘 발휘되는 사업에 종사하면 즉, 타고난 재능과 가장 잘 맞는 사업이라면 잘 할 수 있습니다.

하지만 이 조건을 뛰어넘는 경우도 있습니다.

누구도 태어날 때부터 가진 어떤 재능 때문에 그 직업에 종사하게 된 것은 아닙니다. 어떤 사업에 필요한 재능이 없어도 재능을 개발할 수 있기 때문에 어떤 사업에서든 성공할 수 있습니다.

그것은 태생적인 재능에 국한하지 않고 재능 즉, 도구를 만들어가야 한다는 것을 의미합니다. 이미 발달한 재능을 쓸 수 있는 사업의 성공이 더 쉽겠지만 어떤 직업에서든 성공은 가능합니다.

기초적인 재능은 누구라도 만들거나 배울 수 있고, 최소한의 기초를 배우지 못할 조건의 사람은 없기 때문입니다. 따라서 어느 사업에서든 성공할 수 있습니다.

나에게 가장 잘 맞는 일에서 부자가 될 확률이 높지만 내가 하고 싶은 일을 할 때 가장 만족스러운 부자가 될 수 있습니다.

하고 싶은 일을 하는 것이 성공한 인생의 필수요건이 아닐까요? 하기 싫은 일을 사는 동안 내내 해야 하고, 하고 싶은 일을 할 가능성이 조금도 없다면 진정한 삶의 만족은 거의 불가능하지 않을까요?

당신은 하고 싶은 일을 할 수 있습니다. 그것은 확실히 가능합니다. 하고 싶은 것을 욕망한다는 것은 내 안에 그것을 할 힘이 있다는 증거입니다.

욕망이란 내 안에 있는 힘의 표현이기 때문입니다.

음악을 연주하고 싶은 욕망은 내가 추구하는 음악을 표현하고 연주할 수 있는 힘입니다. 기계를 발명하고 싶은 욕망은 내 상상을 표현하고 그것을 개발할 수 있는 기계적인 재능이 있다는 뜻입니다.

내가 하려는 것이 무엇이든, 그것이 개발되었든, 아직 발현되어 세상에 나오지 않았든 어떤 일을 수행할 힘이 없다면 그 일을 하고 싶은 욕망도 사실은 없는 것입니다. 우리는 그 힘을 올바른 방법으로 개발하고 사용하면 됩니다.

다른 모든 조건이 같다면 내가 가진 장점 중 개발이 가장 잘 돼 있는 재능이 활용될 곳을 선택하는 것이 좋지만, 특정 분야에 대한 욕구가 강하다면 그 분야를 최종 목표로 삼아야 합니다.

하고 싶은 일을 할 수 있다는 것은 적성에 맞고 즐거움을 느낄 수 있는 일이며, 그렇게 생활하는 것은 나의 권리이자 특권입니다.

하고 싶지 않은 일을 할 의무는 없습니다. 하고 싶은 일을 하기 위한 수단인 경우를 제외하고는 하고 싶지 않은 일을 해서도 안 됩니다.

과거의 실수로 바람직하지 않은 사업이나 환경에 처하게 됐다면 당분간은 하기 싫은 일을 해야 할 수도 있지만, 그 실수가 내가 하고 싶은 일을 할 수 있는 길을 가게 해 준다면 그 일을 즐겁게 할 수 있습니다.

나에게 맞는 직업이 아니라도 너무 성급하게 다른 직업을 찾으려고 하지 마세요. 일반적으로 가장 좋은 방법은 사업 환경을 바꾸는 것보다 성장하는 것입니다.

기회가 주어지고 신중하게 살펴봤을 때 적절한 기회라고 판단될 때라면 갑작스럽고 급격한 변화라도 두려워하지 마십시오. 그렇게 하는 것이 현명한지 의심스럽다면, 절대로 갑작스럽고 급격한 조치는 취하지 마십시오.

다만, 창의적인 영역에서는 서두를 필요가 없습니다. 그 영역에서는 기회가 부족하지도 않습니다. 경쟁심에서 벗어나면 서둘러 행동할 필요가 없다는 것을 이해하게 될 것입니다.

그 누구도 먼저 자리를 선점하기 위해 나를 밀쳐낼 수는 없을 것입니다. 모두가 원하는 것을 가질 시간은 충분합니다.

한 자리를 차지하고 있는 상태라면 조금 더 나아갔을 때 더 좋은 자리가 열릴 시간도 분명 충분합니다.

다만, 확신이 서지 않을 때는 기다리세요. 비전을 묵상하고 이뤄질 거라는 믿음과 목적을 키우는 데 집중하세요.

의심이 들 때는 기다리세요. 우유부단함을 버리고 모든 상황에 감사하는 마음을 키우세요.

하루나 이틀 동안 내가 원하는 비전을 묵상하고 그것을 얻고 있다는 사실에 진심으로 감사하는 시간을 보내면, 행동할 때 실수하지 않을 정도로 신과 가까워져 있을 것입니다.

알아야 할 모든 것을 아는 하나의 마음이 있습니다. 그 마음에 깊은 감사가 있다면, 믿음과 인생에서 이루려는 목적으로 이 마음과 긴밀한 일치를 이룰 수 있습니다.

실수는 성급하게 행동하거나 두려움, 의심에 기반해 행동하거나 올바른 동기를 잊어버리는 데서 비롯됩니다.

이는 모두에게 더 많은 생명 즉, 확장된 삶의 여러 형태를 누리는 상황을 주지 않는 일입니다.

매일 할 수 있는 모든 일을 완벽하게 하되, 서두르거나 걱정하거나 두려워하지 말고 하세요. 즉각 행동해야 할 때라면 두려워 말고 일어서 결정하되 서두르지 마세요.

서두르기 시작하는 순간 창조적이 아닌 경쟁하는 사람이 되어 다시 예전으로 퇴보한다는 사실을 기억하세요.

서두르는 나를 발견할 때마다 잠시 멈추고 원하는 이미지에 주의를 집중하고 그것을 얻고 있다는 사실에 감사하세요. 감사는 여러분의 믿음을 강화하고 목적을 새롭게 하는 데 결코 실패하지 않게 하는 힘이 되어 줄 것입니다.

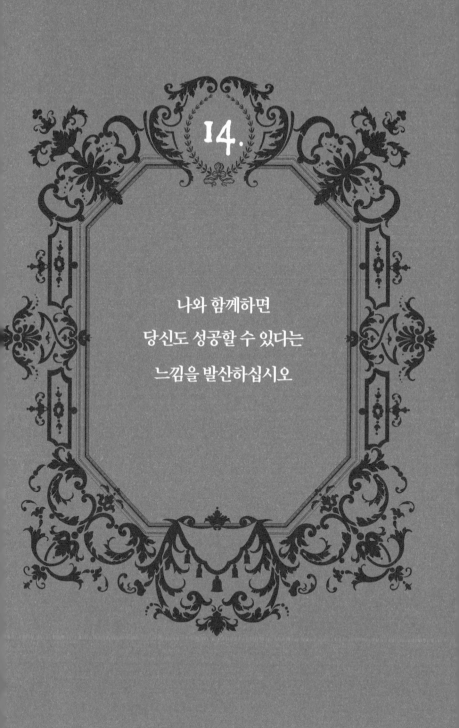

14.

나와 함께하면

당신도 성공할 수 있다는

느낌을 발산하십시오

직업을 변경하든 변경하지 않든, 현재 종사하고 있는 사업과 활동에 전념하십시오.

이미 하는 사업을 건설적으로 활용하고 매일 하는 일상의 업무에 진심을 다하는 시간 속에 내가 원하는 사업으로 전향될 수 있는 힘이 있습니다.

개인을 직접 대면하는 사업, 서류를 주고받는 일, 누군가와 거래하는 일 중에 그 어떤 것이든 상대에게 내가 계속 발전하고 있다는 인상을 심어주려는 노력은 중요합니다. 발전이나 증가는 모두가 추구하는 것이기 때문입니다.

증가에 대한 욕망은 모든 자연에 내재해 있습니다. 우주의 근본적인 실체의 본성입니다.

사람들은 더 많은 음식, 더 많은 옷, 더 나은 집, 더 많은 좋은 것, 더 많은 아름다움, 더 많은 지식, 더 많은 즐거움을 추구합니다. 즉, 무언가의 증가, 더 다양한 모습으로 즐기고 표현될 수 있는 삶을 원하는 것입니다.

모든 생명체는 이런 지속적인 발전의 필요성 아래 있고, 생명의 증가가 멈추면 해체와 죽음에 이릅니다. 인간은 본능적으로 이것을 알기 때문에 영원히 더 많은 것을 추구합니다.

부를 늘리려는 정상적인 욕망은 악하거나 비난받을 일이 아니라 단순한, 더 풍요로운 삶에 대한 열망이며 염원입니다.

그것은 본성의 가장 깊은 본능이기 때문에 나에게 더 많은 삶의 수단을 줄 수 있는 상대 이성에게 끌리는 것입니다.

앞서 설명한 부자가 되는 특정한 방법을 따르는 것은 여러분의 삶에 지속적인 증가를 가져다줄 것입니다. 그리고 이 가르침 안에는 나와 거래하는 모든 사람에게도 증가의 결과를 나눠주는 행위가 포함되어 있습니다.

나 자신은 창조적인 방법으로 부를 새롭게 만드는 중심이며 이런 나로부터 모든 사람에게 삶의 증가를 나눠주는 것입니다.

이 사실을 확고하게 믿고 내가 만나는 모든 사람에게 이 사실을 나눠 주십시오.

어린아이에게도 이 사실을 전해 줄 수 있습니다. 어린아이에게 사탕을 파는 것 같은 사소한 거래라도 그 거래로 무엇인가 늘어나게 된다고 생각하고 아이에게 그 생각을 전해 줄 수 있습니다.

내가 하는 모든 일에서 발전하고 있다는 인상을 전달하십시오.

모든 이가 당신이 발전하는 사람이라는 느낌을 받을 수 있게 하십시오.

당신과 거래하는 모든 사람을 발전시킨다는 마음으로, 양쪽 모두에게 이익이 되는 거래를 하십시오.

다만 상대에게 가치 있는 것을 주겠다는 마음을 가지십시오.

사업과 관계없는 친구나 지인에게도 그가 이로워지기를 바라는 마음을 전하십시오.

나로 인해 자신이 더 발전하거나 풍요로워진다는 생각을 갖도록 해 주십시오.

나는 부유해지고 있고, 그렇게 함으로써 다른 사람들도 부유하게 만들고 있으며, 모두에게 혜택을 주고 있다고 생각하십시오.

성공을 자랑하거나 떠벌리거나 불필요하게 상황을 말하지 마십시오.

진정한 신념은 결코 자만이 아닙니다. 자만하는 사람은 마음에 의심이 있고 두려움이 가득 차 있기 쉽습니다. 그저 행동과 말투, 표정에서 '나는 부자가 되고 있다.'라는 조용한 확신을 표현하고, 이미 부자가 되었다는 확신이 가만히 드러나면 됩니다.

이 느낌을 다른 사람에게 전달하기 위해 말이 필요하지 않습니다. 상대는 나와 함께 있을 때 자신 역시 발전하게 된다는 느낌을 받아 나에게 향하고, 그렇게 다른 많은 사람도 내게 오게 됩니다.

누군가에게 깊은 인상을 심어주고 나와 관계를 맺음으로 자신 역시 이익을 얻을 수 있다고 느끼도록 해야 합니다. 이것은 주고받는 현금이나 내가 준 현금 가치보다 더 큰 가치를 제공할 때 가능합니다.

이렇게 하면서 정직한 자긍심을 갖고, 모두가 이런 나를 알 수 있게 하면 됩니다. 그러면 고객이 끊이지 않을 것입니다.

사람은 뭔가 늘릴 수 있는 곳으로 가게 마련입니다. 모든 사람이 증가를 원한다는 것을 아는 신(神) 역시 내가 알지 못했던 사람들까지 나에게 향하도록 도울 것입니다.

이로써 사업은 날로 번창할 것이며 예상하지 못했던 기회와 행운까지 얻게 됩니다. 하지만 이 모든 일을 하면서도 내가 원하는 비전이나 원하는 것을 얻기 위한 신념을 잃지 않아야 합니다.

다만, 다른 사람 위에 군림하고 지배할 수 있는 힘을 주겠다는 유혹을 경계하십시오.

온전한 마음으로 성숙하지 못하고 부분적으로만 발달한 사람에게는 다른 사람을 지배하고 권력을 행사하는 것만큼 재밌는 일이 없습니다. 하지만 역사는 우리에게 자기만족을 위해 다른 사람을 지배하려는 욕망이 얼마나 무서운 저주인가를 보여줍니다.

수많은 시대에 걸쳐 왕과 군주들은 영토를 확장하기 위해 백성과 국민의 피를 흘리는 전쟁을 벌여왔으며, 이는 모두의 더 많은 생명을 구한 것이 아니라 자신만의 더 많은 권력을 얻기 위한 행동일 뿐이었습니다.

오늘날에도 사업이나 산업 세계의 주요 동기는 동일합니다.

사람들은 막대한 자금을 동원하고 다른 사람보다 더 많은 권력을 차지하기 위해 수백만 명의 목숨과 마음을 낭비하고 있습니다. 사업 왕도 정치 왕과 마찬가지로 권력에 대한 욕망에서 자기 행동을 결정합니다.

권력을 추구하고 주인이 되고 싶고 일반 무리보다 우월한 존재로 여겨지고 싶고 화려한 과시로 다른 사람보다 돋보이고 싶은 유혹을 조심하세요.

다른 사람을 지배하고 군림하려는 마음은 경쟁적인 마음입니다. 경쟁적인 마음은 창조적인 마음이 아닙니다.

더 좋은 환경과 멋진 인생을 만들고 극적인 성공과 행복을 갖기 위해 다른 사람을 지배할 필요는 전혀 없습니다.

실제로 세상이 모두 알 정도의 높은 자리에 올라가기 위한 투쟁을 시작하면, 오히려 운명과 환경에 정복당하기 시작하는 것입니다. 이로써 부자가 되는 일은 우연이나 추측으로 바라게 되는 일로 전락하게 됩니다.

경쟁심을 조심하십시오. 그저 내가 대접받고자 하는 대로 남을 대접하십시오.

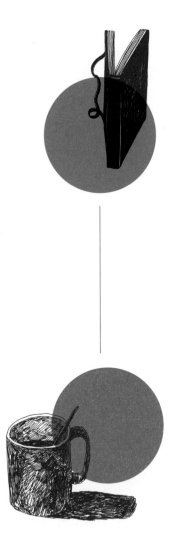

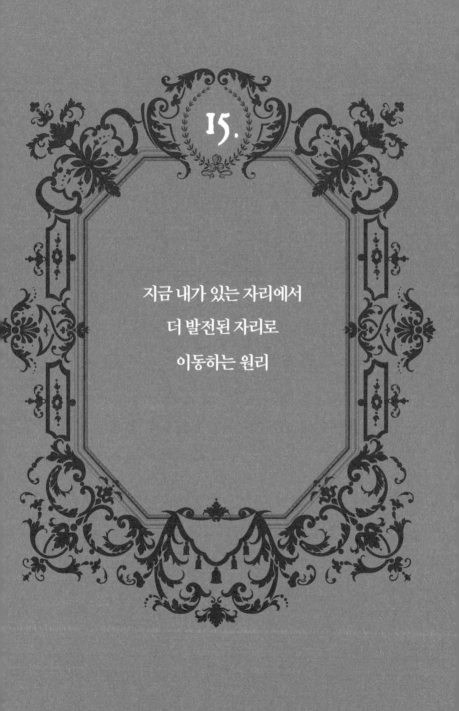

15.

지금 내가 있는 자리에서
더 발전된 자리로
이동하는 원리

14장에서 말한 내용은 사업뿐 아니라 전문직 종사자와 직장인에게도 그대로 적용됩니다.

의사, 교사, 성직자, 그 어떤 직업이든 누군가의 삶을 향상시키고, 그들이 나와 함께 할 때 더 발전되고 더 나아질 수 있다는 인식을 전해 주는 것입니다.

이런 느낌을 받게 되면 그들은 분명 나에게 끌리게 됩니다. 그들에게 내가 줄 것을 주는 것은 일차원적인 행동이지만, 마음으로 함께 더 좋아질 수 있다는 느낌을 갖고 실제 행동하면, 부(富)라는 이차원적인 결과까지 덤으로 오는 것입니다.

의사야말로 이 가르침을 가장 효과적으로 전달할 수 있습니다. 마음속에 훌륭하고 실력 좋은 의사로 발전하겠다는 비전을 확실하게 품고 그 이미지를 명확하게 그려 놓은 의사를 떠올려 봅시다.

이 의사는 생명의 근원과 밀접하게 접촉된 것이며 이로써 경이로운 성공을 거둘 수 있게 됩니다. 불치병이 아니라면 그 어떤 병이든 낫게 할 수 있는 의사가 될 겁니다.

세상은 종교 신자들에게 행복하고 풍요로운 삶을 살 방법을 묻습니다. 따라서 이 책에서 다루는 부자가 되는 과학적인 방법을 터득한 성직자가 청중을 가르친다면, 그의 곁에는 항상 사람들이 떠나지 않을 것입니다.

이것이야말로 세상이 필요로 하는 복된 소식입니다. 이 복된 소식은 사람들의 삶을 향상시킬 것입니다. 그들은 기꺼이 듣고자 할 것이며 이 소식을 전해 준 성직자에게 아낌없는 지원을 할 것입니다.

사람들은 그 자신이 부자고 건강하며 훌륭한 인격을 가진, 많은 사람에게 사랑받는 성직자가 나에게 행복하고 부유해지는 방법을 가르쳐 주기를 바랍니다. 이런 성직자에게 수많은 추종자가 따르는 것은 당연할 것입니다.

교사도 마찬가지입니다. 삶에 대한 신념과 목적을 아이들에게 불어 넣어줄 수 있는 교사라면 결코 교직에서 쫓겨나는 일이 없을 것입니다.

아이들이 자신이 하고 싶고 되고 싶은 것을 떠올려 그렇게 될 수 있다는 확고한 믿음을 품고 학교에 다닌다면 그 아이의 미래가 어떻게 달라지겠습니까.

이런 것은 교사나 성직자, 의사뿐 아니라 변호사와 부동산 중개인, 보험 설계사 등 모든 사람에게도 적용됩니다.

앞서 설명한 몸과 마음이 일치된 행동은 절대적으로 확실한 것으로, 실패란 있을 수 없습니다. 인내심을 갖고 이런 가르침에 철저히 따르기만 하면 누구나 부자가 될 수 있습니다.

생명이 번창하고 다양한 삶을 누리게 하는 생명 증가의 법칙은 중력의 법칙만큼이나 수학적으로 확실하게 작용할 뿐입니다.

그렇습니다. 부자가 되는 것은 과학입니다. 과학이라고 불러야 할만큼 정확하고, 확실한 것입니다.

직장인으로 월급을 받는 사람도 다른 모든 경우의 사람과 마찬가지입니다. 확실한 승진 기회가 보이지 않는 곳에서 일하고 있기 때문에 부자가 될 확률이 없다고 생각하지 마세요.

월급은 적고 매월 지출해야 할 돈은 많아서 부자는 꿈도 꿀 수 없는 상황이라고 생각하면 안 됩니다. 다만 원하는 것에 대한 명확한 비전을 세우고, 그것을 왜 이루려고 하는지 목적을 분명히 한 다음, 그것을 받을 수 있는 행동으로 일치시키세요.

매일 할 수 있는 모든 일을 완벽하게 성공적으로 해내고 성공의 힘과 부자가 되려는 목적을 모든 일에 녹여 넣으십시오.

그러나 단순히 고용주나 상사에게 좋은 성과를 보이고 승진을 바라는 마음으로, 환심을 사려는 생각으로 이런 행동을 하면 안 됩니다.

그저 최선을 다해 자신의 자리를 채우고, 그것에 만족하는 '좋은' 일꾼은 고용주에게 가치 있는 사람이며 고용주에게 중요한 사람입니다. 그러나 그런 직원을 승진시키는 것은 고용주에게 큰 이득은 되지 않습니다. 그 직원이 현재 하는 일에서 가치를 잘 발휘하고 있기 때문입니다.

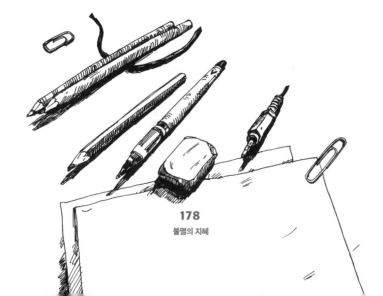

현재 위치에서 잘하고 있고 최선을 다하고 있다고 해서 반드시 발전하는 것은 아닙니다. 발전 혹은 승진을 위해서라면 다른 무엇이 필요합니다.

앞으로 확실하게 발전할 수 있는 사람은 자신의 위치에서 주어진 일 이상을 하는 사람, 자신이 되고 싶은 것에 대한 명확한 개념이 있는 사람, 자신이 되고 싶은 사람이 될 수 있다는 것을 알고 있고, 자신이 되고 싶은 바로 그 사람이 되기로 결심한 사람입니다.

고용주를 기쁘게 하기 위해 현재의 자리에서 역할을 다하려는 생각만 하지 말고, 자신을 발전시킨다는 생각으로 일하십시오.

근무 시간, 근무 시간 후, 퇴근하는 동안에 이런 나 자신의 성장 비전을 언제나 떠올리고 그렇게 될 수 있다는 믿음과 목적성을 가지십시오.

상사나 동료, 혹은 지인과 일이든 다른 목적으로 만나든 접촉하게 되는 모든 사람이 나에게서 발산되는 이런 목적의 힘을 느낄 수 있도록 하십시오.

모든 사람이 당신에게서 발전과 성장의 느낌을 전달받을 수 있도록 하십시오.

이런 느낌을 받게 될 때 그들은 당신에게 끌릴 것입니다. 현재 직업에서 발전의 기회가 적거나 없다고 해도 곧 다른 직업을 가질 기회가 생기거나 기회를 얻게 될 것입니다.

이 확실한 무한한 법칙에 근거해 생활하는 사람에게는 기회가 나타나는 힘이 더해집니다.

내가 보이지 않는 실체의 힘과 동일한 방식으로 행동하면 신도 당신을 돕습니다. 신도 스스로를 위해서 그렇게 하는 것입니다. 주변 환경과 산업 환경이 어떻게 달라지든 그런 상황이 나를 망가지게 하지 못할 것입니다.

너무 무지하거나 알면서도 실천하기에 너무 게으른 사람들과 부자학을 실천하지 않는 사람들이 많은 한 막대한 부를 소유한 고용주는 변화할 필요가 없을 것입니다.

하지만 이 방법을 알고 실천하는 사람이 많아질수록 세상은 변화할 수밖에 없고, 사람 위에 군림해 있는 권위자도 함부로 법을 결정할 수 없게 될 것입니다.

부자학을 실천하는 사람 앞에는 모든 기회가 빠르게 올 것입니다. 그렇다고 해도 기회가 내가 원하는 모습을 모두 갖출 때까지 기다리지 마십시오.

지금 나보다 더 커질 수 있는 기회가 나타나거나 그 기회를 잡고 싶은 마음이 든다면 일단 기회를 잡으십시오.

망설이거나 머뭇거리지 마십시오. 그 일이 더 큰 기회로 나아가는 하나의 과정이 될 것입니다.

앞서가는 사람에게 기회가 부족하다는 것은 불가능합니다. 모든 것은 앞서가는 사람을 위한 것이고 그 사람을 중심으로 힘도 움직인다는 것은 세상 만고의 이치입니다. 부자가 되는 특별한 방식으로 생각하고 행동한다면 분명 앞서가는 사람일 것이며, 그에게는 언제나 기회가 다가옵니다. 따라서 부자가 될 수밖에 없습니다.

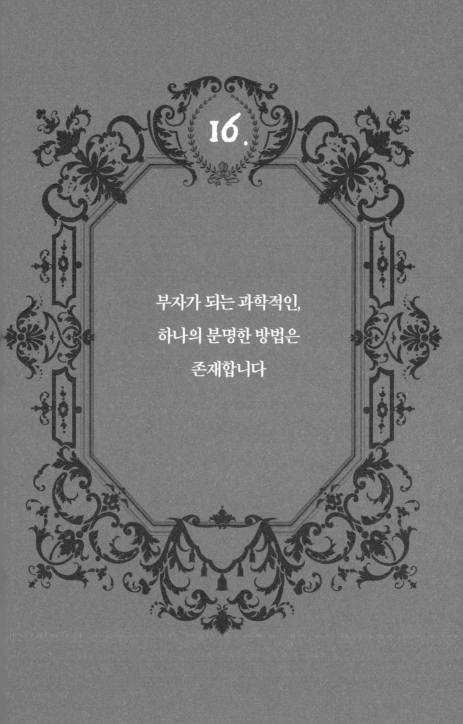

16.

부자가 되는 과학적인,
하나의 분명한 방법은
존재합니다

분명 많은 사람이 부자가 되는 정확한 과학이 있다는 생각을 비웃을 것입니다.

부의 공급이 제한된 것인데 어떻게 모두가 부를 가질 수 있겠냐며 비아냥거릴 테죠. 그런 일이 가능하려면 사회나 정부 제도를 바꿔야 한다고 주장할 것입니다.

기존 정부가 많은 사람을 가난한 상태에 머물도록 방치하는 것은 사실입니다. 하지만 이들이 가난한 이유는 특정한 방식으로 생각하고 그에 따른 행동을 하지 않아서입니다. 또는 지금껏 그 방식을 몰라서였습니다.

이 책에서 제안한 방법대로 많은 사람이 행동하기 시작한다면 어떤 정치 체제나 산업 체계도 이들이 부자가 되는 것을 막지 못할 것입니다. 따라서 모든 체제 역시 이들의 행동 방식에 따라 그들의 움직임대로 수용되도록 법령을 수정해야 할 것입니다.

사람들이 진취적이고 확고한 마음으로 부자가 될 수 있다는 믿음을 실천하고 실제 부자가 되겠다는 분명한 목적을 갖는다면 그어떤 것도 그들을 가난에 빠뜨릴 수 없습니다.

개인은 언제든지, 어떤 정부 아래서라도 스스로 부자가 될 수 있습니다. 어떤 정부 아래서도 상당수의 사람이 그렇게 할 때 체제는 그들 개인이 다른 사람에게 길을 열어주도록 변화할 것입니다.

경쟁적인 측면으로 부자가 되는 사람이 많을수록 다른 사람들에게는 더 나쁜 영향을 미칩니다. 하지만 창의적인 측면인 진정한 부자가 되는 사람이 많을수록 다른 사람들에게는 더 좋은 영향이 미치게 됩니다.

대중의 경제적 구원은, 많은 사람이 이 책에 제시된 과학적이며 실제하는 진정한 부를 얻는 방법을 실천하고 부자가 될 때만 달성될 수 있습니다.

이 책은 다른 사람들에게 길을 보여주고 실제 삶에 대한 열망과 그것을 달성할 수 있다는 믿음, 그리고 그것을 달성하려는 목적으로 영감을 줄 것입니다.

그러나 현재로서는 여러분 자신이 어떤 정부, 어떤 경쟁 산업 시스템 아래서도 부자가 될 수 있다는 것을 아는 것만으로도 충분합니다.

여러분이 창조적 사고의 차원으로 들어가면 이 모든 것을 뛰어넘어 내가 이룩한, 나만의 왕국에서 사는 사람이 될 것입니다.

여러분의 생각을 창의적인, 진정한 부자를 만드는 차원에서 설계하십시오.

부의 공급이 제한돼 있다고 생각하지 마십시오.

경쟁을 통해서라야 부자가 될 수 있다는 생각을 버리십시오.

부를 이루는 이전의 낡은 사고방식에 빠질 때마다 즉시 자신을 바로 잡으십시오. 경쟁적인 마음을 품고 있다면 우주 전체의 힘과 에너지의 협력을 잃는 것입니다.

새로운 어떤 정책이 오늘 여러분의 행동에 영향을 미치는 경우를 제외하고, 미래에 발생할지 모를 어떤 비상 상황에서 어떻게 대처할 것인지 계획하는 데 시간을 소비하지 마세요.

다만 오늘의 업무를 완벽하게 성공적으로 수행하는 데만 신경 쓰고 내일 발생할 수 있는 비상 상황에는 신경 쓰지 마세요.

비상 상황이 정말 발생하면 그때 처리하면 됩니다. 아직 발생하지 않은 문제를 어떻게 극복할 것인지에 대해 고민하지 마십시오.

저 멀리서 아무리 거대한 장애물이 나타나도 특정한 방식을 단단히 붙잡고 계속 실행해 나간다면, 옆이나 위, 사방에서 장애물이 나타나도 결국 그 장애물들은 서서히 사라질 것입니다. 오히려 앞으로 나아갈 더 좋은 기회의 문이 열릴 것입니다.

어떤 혼란스러운 상황도 확고하고 진정한 의미의 부자가 되려고 전진하는 사람들을 막을 수 없습니다. 2 곱하기 2는 반드시 4가 되듯, 여러분은 반드시 부자가 될 것입니다.

지금 이 순간 일어나지 않은 재난, 문제들, 불리한 상황들을 불안하게 생각하지 마십시오.

그런 상황이란 당장 눈앞에 나타났을 때 충분히 해결할 수 있습니다. 어려운 상황이 닥칠 때는 언제나 그 상황을 극복할 방법도 함께 오기 때문입니다.

말을 조심하세요.

자기 자신이나 자기 일, 또는 그 밖의 어떤 것에도 낙담하거나 낙담하게 하는 방식으로 말하지 마세요.

실패 가능성을 인정하거나 실패를 유추할 수 있는 방식으로 말하지 마세요.

시대가 어렵다고 말하거나 사업하기 어려운 환경이라고 말하지 마세요. 경쟁으로 부를 얻으려는 사람들에게는 시대에 따라, 사회 현상에 따라 사업을 일으키기 어렵다고 말하겠지만 창조적이고 과학적인 방법을 사용하는 여러분에게는 결코 그렇지 않습니다.

오히려 모두가 힘들고 사업 상황이 어려울 때 특정 방식으로 행동해온 여러분에게는 큰 기회가 있습니다.

세상은 그렇게 되어 가고 있습니다. 그렇기에 이미 그렇게 되어 가고 있다는 것을 깨닫고 믿고 바라보는 훈련을 하십시오.

겉으로 보이는 나쁜 사람이나 나쁜 것들은 아직 그런 방식을 모르거나 이제 막 훈련을 시작한 경우라고 너그럽게 보십시오.

언제나 진보적이고 발전적인 방향에서 생각하는 마음을 가지세요. 어떤 때에 어떤 것을 갖게 될 것이라고 기대했지만 얻지 못하면 실패처럼 보일 겁니다. 하지만 신념을 지키면 실패는 단지 겉모습일 뿐임을 깨달을 수 있습니다.

이 책에서 다룬 부를 이루는 특정한 방식으로 계속 진행해 나가십시오. 지금 원하는 것을 얻지 못하면 더 좋은 것을 얻게 될 것이고, 그러면 겉으로 보이는 실패가 사실은 매우 위대한 성공이었다는 것을 알게 될 것입니다.

부자학을 공부하던 한 사람이 있었습니다. 그는 당시 매우 전망 있어 보이는 어떤 사업에 뛰어들었습니다. 그리고 몇 개월 동안 밤낮없이 몰두했습니다.

하지만 전혀 이해할 수 없는 이유 때문에 실패를 맛봤습니다. 마치 어떤 보이지 않는 힘이 그를 방해하고 있는 듯했습니다.

다행히 그는 실망하지 않았습니다. 오히려 자신의 소망이 이뤄지지 않은데 이유가 있을 거라고 생각하고 감사하는 마음으로 더 열렬하게 진정한 부를 이루는 부자학을 실천해 나갔습니다.

그로부터 몇 주 후 절대로 오지 않았을 것 같은 거래 제안이 들어왔습니다. 그것은 예상할 수 없을 정도의 거래였습니다. 그때야 그는 자신을 뛰어넘는 그 어떤 힘이 작은 것에 얽매어 큰 기회를 놓치지 않도록 도와주었다는 사실을 알게 되었습니다.

이처럼 신념과 목적을 지키며 감사하는 마음을 갖고 매일매일 그날 할 수 있는 모든 일을 한결같이 성공적으로 해나간다면 실패로 보이는 일이라도 좋은 일과 연결되어 나에게 올 수 있습니다.

실패는 충분히 요구하지 않았기 때문에 발생한다는 것을 기억하십시오. 계속 노력하면 원하는 것보다 더 큰 것이 반드시 찾아올 것입니다.

내가 하고자 하는 일을 하는데 필요한 재능이 부족해서 실패하는 일은 없을 것입니다. 이 책에 언급된 특정한 방식, 과학적인 방법의 부자학대로 계속 진행하면, 그것을 얻는 데 필요한 모든 재능이 계발될 수 있습니다.

재능을 계발하는 일은 이 책에서 다루고 있지 않지만, 부자가 되는 과정만큼이나 그것 역시 확실하고 간단합니다. 오히려 사람들은 어떤 위치에 올랐을 때 더 많은 능력이 자신에게 없어서 더 성공하지 못할까 봐 종종 두려워합니다.

하지만 그럴 필요 없습니다. 그저 계속 밀고 나가세요. 그러면 그 위치에 도달했을 때 거기에 맞는 능력이 주어질 것입니다.

별다른 교육도 받지 못한 에이브러햄 링컨(Abraham Lincoln)처럼, 단 한 사람이 이룩한 역사상 가장 위대한 정치적 업적을 이룰 수 있게 만든 능력의 원천이 나 자신에게도 열려 있다는 것을 믿으십시오. 주어진 책임을 완수하는 데 지혜를 빌릴 수도 있습니다.

그러므로 확고한 믿음으로 나아가십시오.

이 책에 담긴 부자학을 마스터하십시오.

이 방법이 확고하게 잡는 동안 오락과 취미에 시간을 아끼세요. 이 책에 담긴 부자학을 비웃거나 반대되는 어떤 말이나 설교를 멀리하기 바랍니다.

비관적이거나 반대되는 글을 읽거나 그 문제에 대한 논쟁에 참여하지 마십시오. 서문에 언급한 몇몇 작가들의 책을 읽으며 더 많은 진실을 발견하십시오.

시간이 허락하는 대로 나의 비전과 목적, 신념에 대해 묵상하십시오.

감사하는 마음을 기르며 이 책을 읽는 데 시간을 활용하십시오. 이 책에는 부자가 되기 위해 필요한 거의 모든 정보가 담겨 있습니다.

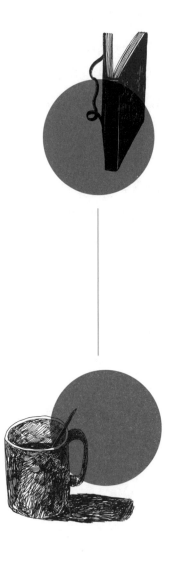

17.

자, 정리해 봅시다

모든 사물의 기원이 되는 생각하는 물질이 있습니다. 이 생각하는 물질은 최초의 상태 그대로 우주를 꽉 채우고 있습니다. 이 물질의 실체는 그 생각에 따라 형상화된 사물을 만들어 냅니다.

인간 역시 자신이 생각하는 사물을 형상화할 수 있습니다.

바로 자기 생각을 무형의 이 실체에 표현함으로써 자신이 생각하는 그것을 창조할 수 있습니다.

이를 위해 인간은 경쟁적 사고에서 창조적 사고로 넘어가야 합니다. 그렇지 않으면 그 자체가 창조적이며 결코 경쟁적이지 않은 정신을 지닌 무형의 지성과 조화를 이룰 수 없습니다.

인간은 자신에게 주어진 축복에 대해 즐거운 마음으로 진지하게 감사함으로써 형체 없는 이 무형의 실체와 완전한 조화를 이룰 수 있습니다.

감사는 인간의 마음을 물질의 지성과 통합해주는 도구입니다.

이로써 인간의 생각을 이 존재가 받아들이도록 합니다.

인간은 깊은 감사를 계속 유지하는 마음으로 무형의 실체의 존재와 자신을 결합함으로써 창의적인 생각의 차원에 머물 수 있습니다.

사람은 자신이 갖고 싶고, 하고 싶고, 되고 싶은 것들에 대한 분명하고 확고한 이미지를 그려야 합니다. 그 이미지를 생각 속에 간직하면서 모든 욕망이 자신에게 주어진 것에 대해 깊이 감사해야 합니다.

　부자가 되고 싶은 사람은 여가 시간을 자신의 비전을 묵상하는 데 보내야 하며, 그것이 실제하는 모습으로 나에게 다가오고 있다는 사실에 진심으로 감사해야 합니다.

　이것은 아무리 강조해도 부족함이 없습니다.

　흔들리지 않는 믿음과 경건한 감사.

　이것이 바로 보이지 않는 무형의 실체의 존재에게 감동을 주고 창조적인 힘을 발휘하게 하는 과정입니다.

　창조적 에너지는 이미 정해져 있는 사회의 성장 과정과 기존 산업이나 사회적 질서에 따라 나에게 적용돼 부로 올 것입니다. 원하는 모든 것은 기존의 거래와 상업 수단을 통해 나에게 올 것입니다.

　나에게 올 모든 것을 내가 받기 위해서는 자신의 현재 자리를 채우고도 남을 만큼 열심히 활동하고 있어야 합니다. 내가 원한 그것을 받을 수 있는 어떤 것으로든, 그 가치를 내주어야 할 것이기 때문입니다.

성공적인 방법으로 행동하기 위해 그날 할 수 있는 모든 일을 수행하십시오.

모든 사람에게 그가 나에게 받는 현금 가치보다 더 많은 사용 가치를 주어야 합니다. 그래서 각 거래가 더 많은, 더 확장된 형태의 삶을 누리게 하는 많은 생명을 만들도록 해야 합니다.

발전하는 생각을 붙잡고 있으십시오.

내가 접촉하는 모든 사람에게 나와 함께 할 때 그 자신도 발전하고 더 많은 것을 얻게 될 거라는 인상을 전달하십시오.

앞서 말한 이 모든 지침을 실천한다면, 세상 그 누구라도 반드시 부자가 될 것이며 그들이 받은 부는 마음속 비전의 명확함, 목적의 확고함, 믿음의 꾸준함, 감사의 깊이에 정확히 비례할 것입니다.

추천사 ──────────────────────────

머니큐레이터 홍지안 (『200년 이후, 한국의 신흥부자들』 저자)

서진 대표는 20년 다수의 초대형 베스트셀러를 배출한 출판인이다. 천년의 지혜 시리즈 중, 단 한권의 책만 읽는다면 『불멸의 지혜』를 추천했다. 모든 이들에게 오늘보다 더 나은 경제적 자립을 찾게 해주고 싶어서다. 자본주의 사회에서 돈이 무엇이고 돈이 어떤 원리로 돌고 도는지를 알아야 부자가 된다. 지혜와 통찰력이 있을 때 돈의 흐름을 알 수 있다. 그 지혜의 비밀은 100년 넘게 부자들만 알고 이어져 왔다. 부자가 되는 길은 과학이었다. 환경은 행동할 때 바뀐다. 『불멸의 지혜』는 지금 있는 곳에서, 어떻게 생각하고 행동하는지를 명확하고 확실하게, 즉시 실행 가능할 수 있는 방법을 알려주고 있다.

킴퍼니

신이나 조상에게 부자가 되게 해달라고 기도했던 기억이 있습니까? 저 또한 과거에 그랬던 기억이 있지만, 늘 똑같은 현실에 실망했습니다. '불멸의 지혜'는 부자가 되는 지혜로운 방법을 친절하게 안내하는 매뉴얼 같은 도서입니다. 작은 사업을 하고 있지만, 더 많은 부를 원하기에 이 책에서 배운 불멸의 지혜를 실천해 보기로 했습니다.

강선주

말하는 대로 살아진다는 비밀을 알게 된 후, 수많은 지혜의 말들이 저에게로 다가오기 시작했습니다. 마치 비밀의 열쇠를 주듯이 말입니다. 불멸의 지혜도 그랬지만, 이전과는 달랐습니다. 저의 본심을 드러내는 듯한 "부자가 되려는 것은 완전히 칭찬받을 만하며 당연하고 옳은 행동입니다."라는 첫 문구로 말입니다. 이제 저는 지혜의 열쇠로 부의 문을 열었습니다. 시작이 아니라 목적지까지 보입니다.

박소현

이 책은 부자가 되기 위한 실용서에 가깝다. 지금 당장 일어나서 간단하게 할 수 있는 일, 멀리 미래를 내다보며 할 수 있는 행동에 대해서 말한다. 1910년의 깨달음은 현대 사회에 적용해도 무리가 없을 정도로 어느 한 시대에 머물지 않고 시대를 관통하는 지혜가 담겨 있다. 책이 주는 내용은 어찌 보면 뻔할 수 있다. 요즘은 자기계발서가 넘쳐나는 시대여서 그럴 수도 있다. 그럼에도 기대된다. 천년의 지혜가 단단하게 벼려갈 문장들이, 작가가 살던 저마다의 시대와 깨달음이 만들어낼 읽음이, 만들어낼 다음 천년의 지혜가 궁금하다.

크리에이터 엘라

『천년의 지혜 시리즈 - 불멸의 지혜』는 부의 방법론이자 삶의 지침서! 이 책은 나에게 온 '행운의 선물'과도 같았다. 책을 집어 들어 읽는 와중에도 머릿속이 저절로 환하게 밝아왔다. 이토록 간결하면서도 핵심만 담겨 있는 책은 여태까지 없었다. 부의 본질을 꿰뚫어 『불멸의 지혜』라는 그릇에 오롯이 담아낸 '부자 되는 공식'을 따르면 누구나 부자가 된다는 진실을 알려준다. 두껍고 복잡한 수사가 넘치는 자기계발서가 아니라, 단 하나의 목표를 향해 나아가는 방향키의 역할을 톡톡히 하고 있다.

황채목

수많은 자기계발서를 읽고도 충분히 이해가지 않던 부분들에 대한 속시원한 해답이 이 책 안에는 있다. 왜 그래야 하는지에 대한 정확한 이유와 근거는 물론 그럼 우리가 지금부터 무엇을 어떻게 해야 하는지에 대한 지침까지 명확하게 보여 주는 책이다. 내가 바라는 나의 모습을 명확하게 이미지화하고 현재에 감사하며, 창조적인 사고를 유지하고 현재에 현명하게 최선을 다하라.

김혜영

'시크릿'에서 말한 끌어당김의 법칙이 잘 되지 않나요? 혹은 속도가 느린가요? 원하는 것을 더 빨리 끌어당기는 방법, '시크릿'에서는 말해주지 않은 원하는 것을 이루는 법, 이 책 속에 담겨있습니다. 내가 원하는 것을 현실로 만드는 것이 우리를 더 행복하게 해줍니다. 지혜로운 사람이 되고 싶은 분, 소망을 더 빠른 속도로 이루고 싶은 분, 인생을 더 행복하게 살고 싶은 분께 이 책을 추천합니다. 태양은 노력하지 않아도 떠오릅니다. 이렇게 당연하게 소망을 빠르게 이루게 될 것입니다.

전하나

이 책을 접하기 전까지 나는 부가 부를 낳고, 특별한 재능이 있는 자만이 부를 얻는다고 생각했다. 하지만 이 책에선 타고난 재능은 그저 도구일 뿐, 누구나 부를 얻는 '특정 법칙'을 따라한다면 모두가 부자가 될 수 있다고 말한다. 부자가 되는 것은 경쟁이 아니며 우리 모두 부자가 될 수 있다. 그 방법이 궁금하다면 이 책을 읽어보라. 이 책이 당신이 부자로 가는 길의 첫 걸음이 되어줄 것이다.

슬기로운 유니

현 시대에 부에 대한 통찰과 자기계발을 다룬 서적들은 넘쳐 납니다. 그러나 지금까지 알고 있는 이론들은 일부의 단편적인 방법론에 불가합니다. 허나 『불멸의 지혜』는 부의 근원을 명료하고 명확하게 지시하고 있습니다. 이 이론은 경이롭기 까지 합니다. 부에 대한 근본을 재정립 하는 것이야 말로 진정한 부를 이루는 첫 단계입니다. 자신의 무의식에 내제되어 있는 힘을 찾으십시오. 그 방법을 인도하는 지도서가 지금 바로 여기에 있습니다. 진정한 부를 이루고 싶은 당신에게 이 책은 "신의 선물" 과도 같습니다. 우리가 선물을 받지 말아야할 이유가 있을까요?

이운철

부자가 되는 법칙이 있다. 만유인력의 법칙 같은, 우주에 당연히 있는 그런 법칙이 있다. 보이지 않는 힘을 믿고, 부자가 됨을 미리 감사하자. 그리고 기다리자. 부자가 되는 그 시간을. 물론 아무런 노력 없이 기다리기만 한다고 부자가 된다고 생각하면 안 된다. 믿음으로 온 몸을 휘감은 채, 기회가 왔을 때 용기를 내서 도전해야 한다. 그러면 어느 새 부자가 되어 있는 당신을 보게 될 것이다. 부자가 되는 법칙을 믿고, 감사하고, 행하라. 그리고 그 시간을 기다려라.

김주현

이 책은 저에게 큰 울림을 주었습니다. 부자가 되고 싶다는 욕망은 절대 이기적이거나 음흉한 부끄러운 것이 아니며, 발전과 진보를 위한 기본적인 욕구란 것을 알게 된 순간부터, 저는 더 이상 부자가 되고 싶다는 욕망을 숨기지 않게 되었습니다. 저는 부자가 되고 싶고, 반드시 될 것입니다.

신효승

고전적 지혜를 통해 부를 이해하고 얻고 싶다면 꼭 읽어야 할 책입니다. 저자는 부에 관한 오랜 지혜에 대해 통찰력 있는 해석을 제공합니다. 단편의 글로써 하나씩 풀어주는 방식은 막연하고 복잡한 경제공부에 섣불리 접근하지 못하는 두려움을 없애줍니다. 부를 추구하는 것이 속물 취급당할 일이 아닌, 삶의 풍요로움에 가장 기본적이고 필수적임을 역설합니다. 이 책은 어느 정도 경제에 대해 지식이 있든 상관없이 지속적인 공부에 영감을 주고 지식 공유에 대한 열정을 불러일으킬 수 있게 해줄 것입니다.

이창훈

우리는 어릴 때부터 교육이나 매스미디어로부터 부에 대한 왜곡된 가치관을 반강제적으로 형성하고 있었습니다. 저자는 100년 전부터 후세대들이 가지게 될 부에 대한 잘못된 인식을 알거나 한 듯, 이를 바로잡아줍니다. 금수저, 떡상, 벼락거지와 같은 유행어들이 판을 치는 현대에서 경쟁자 혹은 패배자의 마인드를 교정해주며 가난은 존재하지 않으며 오히려 오직 부만 존재한다는 진리를 일깨워줍니다. 이 세상에서 가난을 추방할 수 있는 진리는 한가지이며 이 책의 가르침 속에 들어있는 부에 대한 확신과 믿음을 실천하는 사람들에게 삶에 자신감을 불어넣어 줄 것입니다. 여러분 모두는 부자의 씨를 받았으며 씨앗을 키우는 방법을 알고 싶다면 오래전 출판된 이 불멸의 지혜를 꼭 만나시길 추천합니다.

조대희

이 책은 모든 것입니다. 이제까지 배웠던 모든 부자학과 다를 겁니다. 어떤 페이지를 펴 봐도 당신이 지금까지 읽어왔던 내용과 다릅니다. 불편할 겁니다. 이해가 가지 않을 겁니다. 그리고 수긍할 겁니다. 생각, 실천, 행동, 의지, 욕망. 우리는 이제까지 많은 것을 공부해왔습니다. 지금까지 기원을 알지 못했죠. 이제야 알게 됐습니다. 우리가 부자가 되어야 할 이유를. 바꿔야 합니다. 믿어야 합니다. 당신 안에 있는 부자의 물질을 깨워 보길 바랍니다. 이제 당신의 차례입니다.

유상원

어린 시절 드래곤볼을 보면서 '누군가가 흩어진 드래곤볼을 한 곳에 모아놓고 나는 소원만 빌 수 있다면 얼마나 좋을까?'라고 생각한 적이 있었다. 그만큼 드래곤볼을 찾으러 여기저기 다니는 수고를 아낄 수 있을 테니 말이다. 그런 의미에서 [천년의 지혜 시리즈는 흩어진 드래곤볼을 한 바구니에 넣어 전해주는 역할을 한다. 정보가 쏟아지는 현대 사회에서 각종 번역본이 넘치는 고전바이블을 단 번에 볼 수 있다면 그 얼마나 편할까? 스노우폭스북스의 이번 시리즈는 정말 높은 결정력을 자랑하는 시리즈가 될 것이다. [The Science of Getting Rich] 를 번역한 '불멸의 지혜'는 별 일곱개짜리 드래곤볼이 될 것이다.

최영두

아는 사람들끼리만 몰래 공유하는 정보는 참 매력적입니다. 유익한 정보를 남들보다 더 많이 알게 되었다는 우월함에 더해서 실제로 부를 더 많이 쌓을 수 있다는 실제 결과가 있다면 더 그렇습니다. 이 책 "불멸의 지혜"는 바로 그런 매력을 담고 있는 책입니다. "시크릿" 열풍이 사그라든 지금, '간절히 생각하면 이루어진다.'는 말은 비웃음을 사기에 딱 좋습니다. 하지만, "시크릿"에서 전달하려고 한 메시지가 원래 메시지의 극히 일부분이라는 것을 알게 되면 마냥 비웃을 수만은 없습니다. 단순히 간절한 소망을 담아 구체적인 모습을 그려야 한다는 것과 함께, 효율적으로 행동하는 것의 중요성까지 강조한 원래 메시지는 "시크릿" 때문에 오히려 퇴색된 느낌입니다. 하지만, "시크릿" 뿐 아니라 나폴레온 힐의 "생각하라 그리고 부자가 되어라"에서 전하는 메시지라든지 김승호 회장님의 "원하는 것을 100일 동안 매일 100번 적으면 이루어집니다." 라는 메시지 등 간절한 소망의 힘을 설파하는 여러 유명 인사들의 모습은 이 책 "불멸의 지혜"가 담고 있는 성공 방정식의 결과물입니다. 경제경영 편 네 권을 시작으로 총 20권의 출간을 기획 중인 "천년의 지혜" 시리즈에서 그 첫 번째로 "불멸의 지혜"를 포함하고 있다는 것은 주목할 만합니다. 첫 번째 책의 판매량에 따라 나머지 시리즈가 출간이 되지 않을 수 있는 위험을 가지고 있기 때문입니다. 그만큼 이 "불멸의 지혜"에 대한 스노우폭스북스 출판사와 편저자의 자신감이 엿보입니다. 남들이 가지고 있지 못한 부를 이루는 공식, 100여 년 동안 검증된 그 성공 방정식을 "불멸의 지혜"를 통해 얻을 준비가 되셨나요?

최지인

부에 대한 고정관념을 산산조각내주는 책이다. 왜 113년 동안 1341번의 개정판이 출간되었는지 알 수 있다. 책 두께는 얇지만 정말 꼭 알아야할 부의 정수를 담았다. 어렸을 때부터 돈 때문에 불행한 삶을 살았던 사람들에게 이 책을 선물해주고 싶다. 또한 아직 고정관념이 형성되지 않는 어린 이들, 커가는 청소년들이 읽어도 좋을 책이다. '내가 어렸을 때 이 책을 읽 었으면 내 삶이 어땠을까?' 라는 생각이 들 정도로 내 생각을 뒤흔들어준 책이다. 강력 추천한다.

황인선

"누구나 부자가 될 수 있다." 이 말이 허튼 소리가 아니라는 것을 너무나 도 간결하고 명확하게 보여준다. 그렇다고 누구나 부자가 될 수 있다는 것 을 정밀하게 증명하는 책은 아니다. 누구나 부자가 될 수 있게 하는 행동과 생각의 실행 방법을 알려 준다. 조선시대 선비마냥 청빈을 내세워 혼자 고 고한 척 떠드는 위선의 껍질을 깨라고 한다. 자신의 잘남을 자랑하고 경쟁 에서 이긴 승리자로 자리매김하는 부자는 부자가 아니라 한다. 원하는 것 을 가졌을 때 "모든 사람이" 지금보다 더 많은 것을 가질 수 있도록 행동해 야 한다고 얘기하면서 경쟁자가 아닌 창조자가 되라고 한다. 책을 덮으면 서 나는 이미 부자가 된 나를 상상하기 시작한다.

최중근

'내가 하는 게 부자 되는 길인가?' 고민되면 무조건 읽어보세요. 3시 간이면 답을 얻을 수 있습니다. 이 책을 통해 어떤 의식의 흐름을 가 지고 행동을 해야 원하는 부를 가져다 줄 것인지 알았습니다. 앞으 로 부를 얻기 위한 행동을 할 때 책에 나온 '창조'와 '교환'이라는 단어 를 의식적으로 생각할 것입니다. 세상이 원하는 것을 창조하여 서로 Win-Win하는 교환을 통해 내가 원하는 부를 얻을 것입니다. 이 책에 소개된 부를 받아들이는 메커니즘으로 함께 부자 됩시다!

세기의 책들 20선
천년의 지혜 시리즈 NO.2

불멸의 지혜 The Science of Getting Rich

최초 출간일 1910년

초판 1쇄 인쇄	2023년 12월 6일
초판 11쇄 발행	2024년 1월 25일

지은이	월러스 워틀스
편저	서진
번역 감수	안진환

펴낸 곳	스노우폭스북스
기획·편집	여왕벌(서진)
교정	박편(박은영)

도서 선정 참여	현성(최현성)
자료 조사	벨라(김은비)

마케팅 총괄	에이스(김정현)
SNS	라이즈(이민우)
커뮤니티	벨라(김은비)
미디어	형연(김형연)
유튜브	후야(김서후)
언론	테드(이한음)
키워드	슈퍼맨(이현우)
영업	영신(이동진)
제작	남양(박범준)
종이	월드(박영국)

경영지원	릴리(이세라)

도서 디자인 총괄	헤라(강희연)
마케팅 디자인	샤인(완선)

주소	경기도 파주시 회동길 527, 스노우폭스북스빌딩 3층
대표번호	031-927-9965
팩스	070-7589-0721
전자우편	edit@sfbooks.co.kr
출판신고	2015년 8월 7일 제406-2015-000159

ISBN 979-11-91769-58-6 03320
값 16,800원